识政举要

郁久闾·阿拉腾敖其尔　◎著

人民出版社

责任编辑:张　立
装帧设计:周文辉
版式设计:东昌文化
责任校对:张杰利

图书在版编目(CIP)数据

识政举要/郁久闾·阿拉腾敖其尔　著. －北京:人民出版社,2010.7
ISBN 978－7－01－009113－6

Ⅰ.①识…　Ⅱ.①郁…　Ⅲ.①经济政策-研究-中国　Ⅳ.①F120

中国版本图书馆 CIP 数据核字(2010)第 131569 号

识 政 举 要

SHIZHENG JUYAO

郁久闾·阿拉腾敖其尔　著

人民出版社 出版发行
(100706　北京朝阳门内大街 166 号)

北京中科印刷有限公司印刷　新华书店经销

2010 年 7 月第 1 版　2010 年 7 月北京第 1 次印刷
开本:710 毫米×1000 毫米 1/16　印张:12.5
字数:130 千字

ISBN 978－7－01－009113－6　定价:39.00 元

邮购地址 100706　北京朝阳门内大街 166 号
人民东方图书销售中心　电话 (010)65250042　65289539

三 言 两 语

·

　　书札要付梓，开头总应絮叨几句。在内蒙古的原绥远城旧址有个将军衙署，其左右厢房廊柱上有三副对联："事业为黎民福，议论作社稷谋"、"有为有猷有守，日清日慎日勤"、"清言见古今，佳气生朝夕"。相比而言我的这个集子也算是一种"议论"，其目的也是"作社稷谋"，即为国泰民安、政通人和做一点谋划。或叫"有猷"、"有为"之"清言"吧。

　　这里收集的东西，多数是我在沈阳工作期间的书简。主要思想观点集中于以下几点：其一，主张从中央到地方实行中央、省市自治区、县市三级政权建制，县实行甲乙丙三个类型；公务员的管理，实行双轨运行、变轨升迁、淘汰出局的游戏规则；并十分强调激活村落这一中国社会最小、最基本的经济细胞。其二，强调村长、县长和企业家三个队伍建设，视之为一个地区发展的关键要素。其三，呼吁东北老工业基地振兴问题，主张内蒙古与东北三省的经济互补联动。其四，提出适度开发战略问题，主张像内蒙古锡林郭勒盟这样的牧区实施适度开发战略。其五，强调从解决基层民众的看病求医难入手改善民生问题。其六，强调政府决策模式的创新，政府的管理要扁平化，指挥重心应下移。其七，杂议朝鲜的体制改革和粮食安全问题，关注朝鲜、日本、韩国的关系正常化进程，其良苦用心在于早日实现东北亚经济圈的合作共赢。

我赴沈阳工作之际，原自治区人民政府秘书长韩自然同志给我交代的任务是："驻沈办的主要职责是经济协作和招商引资，工作范围覆盖东北三省，重点服务对象是自治区的东部五盟市。"我是2000年8月到任，大约用了一年半的时间走访了沈阳、长春、哈尔滨、齐齐哈尔、大连、锦州、鞍山等几十个重点城市和强势县区，与他们建立了政务沟通渠道，结交了各界的朋友。本书所收集的给薄熙来省长和陈政高市长的建议，也就是在了解辽宁省情过程中的副产品。给薄熙来省长的十几条建议，每条都有批示；给陈政高市长的那条建议，当月便被列为市政府第六次常务会议的主要议题。我给自治区领导的二十多封书札，批示最多的是乌云主席。作为共和国第一位少数民族女省长（主席），她为内蒙古操了不少的心，我十分感激她能在百忙之中批阅这些书简。

我是蒙古族人，喜欢饮茶吃肉，但不好酒，读书思考问题是我最大的爱好。上大学时因我带的书多，班里同学叫我"博士"，大学二年级我发表论文，应邀参加了"中国蒙古史学会年会暨学术讨论会"，与中国蒙古史学界的前辈翁独键、黄静涛、戈瓦、留金锁、韩儒林、金启宗等先生一起漫步呼伦贝尔大草原，切磋匈奴、鲜卑、柔然、突厥、契丹等古老的蒙古先人的史迹遗尘，并沐浴其浓郁的学风。1985年我出版了第一部专著《蒙古族那达慕史》、1986年第16期《红旗》刊载了我撰写的《我国草原畜牧业现代化途径探索》一文；之后又出了六七本专著，多数是经济管理学方面的东西。这本《识政举要》，选录了部分书札，也算是个鸡肋。其愿望就是引起争论并与大家一起思考问题，探索我国体制改革的路径和区域经济发展的政策策略问题。如能得到读者的指教或争议，那就如愿以偿，不胜欣幸了。

作　者

2009 年秋于沈阳

【目录】

献策薄熙来等省市领导

东北亚经济问题杂议

【政府工作新视角】

这里选录了几篇较为宏观的议论，这是我在政府办公厅工作十年的感悟，不成体系，但有见识。其中给中央的那份『三级政权建制』的建议件，是近二十年的思考所得，具有极高的争论价值。

关于从中央到地方
实行三级政权建制的一点建议

乌云副委员长并转呈吴邦国委员长：

1984 年我给中央写过类似的一份建议函。现在回头看，当时进行这种改革的条件还不具备。目前我国进行这种大刀阔斧改革的时机已成熟，新一届中央完全有胆略、有能力推进这类改革。为此，我提以下几点建议。

一、**现行的五级政权建制的弊端。**目前我国实行的是中央、省市区、地市、县市、乡镇五级政权体制。其中地委（公署），原是省政府的派出机构，后来部分地委转成了市，其余的实质上也在行使一级政府的职能；而人民公社，原是一级生产组织，后来变成了乡镇政府。这种多层重叠的政权建制，弊多利少。其一，政权重叠，机构臃肿，行政链条越拉越长，中央的指令从京城到村落，层层传达辗转驿递，少则一季、多则半年。其二，政务成本几乎三五年翻一番，吃皇粮的阶层像蝗虫一样满天飞，国库银两的多半用于人吃马嚼。目前，我国西部地区的很多乡镇，一年到头从农民那里收上来的税费总额还不足以弥补乡镇干部的支出。其三，官多吏滥，人浮于事，竞相敛财争食，追求奢华靡费，扰民于鸡叫半夜，取膏脂于巧立名目。其甚者，结党营私上欺中央下蹒百姓；其庸者，得过且过，身为公仆、身为父母之官，不问民之甘苦、不察稼穑之荣枯。这些弊端已成为我国经济建设和社会发展的制约因素，也是造成"三农问题"的主要根源。解决问题的出路之一就是断香火、拆庙、封窑，实行"三级政权"建制。

二、**实行三级政权建制的可行性**。其一，从目前我国交通、运输、邮电、通信、广播电视等基础设施发展状况和办公自动化、信息化程度看，一个省市区完全可以直接管理一百多个县市，一个县市也完全可以直接管理二三百个村落。其二，计划经济时期，政府职能的60%是组织生产、配置资源、管理企业，而今天这些职能已被市场取代。因此，昔日延续下来的这种重叠的政权层次、过长的行政链条、过滥的官吏，只能成为生产力发展的桎梏。其三，政权层次的压缩，将有利于精吏简政、节约行政成本、减轻农民负担和纳税人的赋役，有利于休养生息、发展经济、提高人民群众的生活水平，有利于提升行政效率和政务运行质量，有利于政府职能的转变和政府决策能力的提高。

三、**实行三级政权建制的形式**。其一，是强化县级政权的职能。将县级政府的行政规格与省部级的委办厅局的规格拉齐，根据人口密度、地域范围和所处的位置分为甲乙丙三类县市。人口超过百万的县市为甲类，规格厅级；人口超过50万的县市为乙类，规格准厅级，其公职人员职数少一些；人口50万以下的属丙类，规格也是准厅级，其公职人员职数相对更少一些。取消乡镇之后，对一些人口密度高、企事业单位较多的城镇，县市政府可派驻办事处加强管理。其二，提升村级政权职能，将过去乡镇级政府行使的一些职能转到村委会，赋予村委会更多的自治权限。县里可向村委会派出监事员，一个监事员可承担几个村委会的监事职责，监督党的方针政策和上级政府指令的贯彻执行问题，并协助村委会搞好管理工作。其三，统一机构名称和官职的级别。国家各部委办，统称部，内设厅、处两级；省市级的委办厅局，统称厅，内部只设处；县市级的委办局，统称处，内部不设科室。省部级的厅级相当于县市级，县市级的处级相当于省部级的厅的内设处级。今后，从我国行政机构设置中消灭科级机构和级别。

四、随着三级政权体制的实行，国家公务员管理工作也要进行相应改革。其基本指导思想是，简化公务员的职务晋升、岗位晋阶程序，形成干部能上能下、竞争上岗、淘汰出局的激励机制。其一，公务员的职务晋升实行四级十二个台阶。从中央到基层只设国家级（设三个晋阶）、省部级（设三个晋阶）、县市厅级（设三个晋阶）、处级（设三个晋阶）。具体讲，处级职务分三个晋阶，处级候补巡视员、处长、处级巡视员；县市级分三个晋阶，县市厅级候补巡视员、县市长、县市级巡视员；省部级分三个晋阶，省部级候补巡视员、省部长、省部级巡视员；国家级分三个晋阶。上述处、县市厅、省部的巡视员的候补期限为三年，如三年之内晋升不到实职的话，取消其候补资格。其二，公务员的岗位晋阶设十二个台阶。今后凡被录用的办事员，必须见习三年之后，方可转为正式公务员，公务员二年之后可转为一级，一至三级每二年晋升一级，四至六级每三年晋升一级，七至九级每四年晋升一级，十至十二级每五年晋升一级。其三，职务晋阶，采取候补、实职、虚职的轨道晋阶。候补三年之后方可晋升实职，如不能晋升实职的，免去晋升资格，转入岗位进阶轨道；实职岗位上四年届满之后，晋升不了上一级候补席位的，要转入原级的虚职岗位，在虚职岗位上三年之内还晋升不了上一级的候补席位的，要取消其职务晋升资格，转入岗位晋阶轨道。这样就能形成干部能上能下、变轨晋升、淘汰出局的激励机制。

总之，从纵向上减少重叠的政权建制，从横面上精简臃肿的机构，缩短行政链条，简化公务人员的晋阶程序，建立公务人员能上能下、淘汰出局的职务晋阶机制，是我国行政体制改革的基本趋势和主要环节。也是从根本上减轻农民和纳税人的负担、提高行政效率、节约政务成本、促进廉政建设、解决体制弊端的根本出路。新中国成立以来我国搞了几次机构改革，都做了横面上的文章，收效甚微，甚至出现越改越多、越减越乱的反弹效应。究其原因，我们疏忽了纵面层次上的问题，重叠问题是我国机构弊病的根源。这个本不治，只做标的文章，机构大病是难以起死回生的。只要我们从重叠的机构中抽出 1—2 个层次，就能解决大问题。如能抽出地市这一级机构层，我国吃皇粮的阶层将减去 1/5；如能抽出乡镇这一机构层的话，我国吃皇粮的阶层将减去 2/3，压在农民头上的繁重负担将得到彻底解决，村落这一中国社会最小、最基本的经济细胞一下子就被激活了，中国农村第二次生产力解放的浪潮将涌起。

这一建议从思路的角度，只提出了一个命题，仅供中央参考。

阿拉腾敖其尔　2003 年 5 月 17 日

关于政府工作的方法问题

乌云主席：

从 1990—2000 年，我先后在布赫、乌力吉、云布龙主席身边搞过综合、督查和联络工作，亲眼目睹了几届政府的工作得失。现将我对政府工作的几点反思呈送，仅供参考。

一、**政府工作要从理财入手。**内蒙古本级和分级财力究竟有多大，其中用于吃饭的是多少、能搞建设的有多少，而这些钱又是怎样运作的？国家每年给我区哪些资金，这些钱主要集中于哪些部门，钱又是怎么分配的？我区业务部门从各渠道每年收取多少杂费，这些钱又用到哪里去了？国家金融系统每年给我区的信贷额度是多少，这些贷款的流向是什么？国家各部委还有哪些钱能够争取，如何争取？主席手里有个台账吗？1995 年我奉命清理国家给我区的优惠政策时，发现国家每年给我区的各种资金不少，但是没有发挥其应有的效用，有些部门一年到头整天忙于分割这些资金。盟市、旗县、乡苏木每年拿出很大的精力到上边去跑项目、跑钱，而这种钱跑下来之后，真正能够到项目终端的没几个。20

世纪 90 年代我区有 240 多个大中型企业、8000 多个列入预算的企业，对这些企业我们没有放水养鱼，基本实行了掠夺式的税费政策，而征收上来的钱，又没有用好，有的乱花了，有的投到不该上的项目里去了，其结果是企业纷纷休克了，钱也没有了。综上述情况，我认为理财是政府工作的中心环节，抓不住钱，不会花钱，不慎的投资，是历届政府的弊端。抓不住钱、管不了人的主席，是难以做事的。自治区是这样，盟市旗县也是这样。

二、**政府工作要从治吏入手**。主席要管好副主席和政府组成部门的一把手，秘书长要管好副秘书长、副主任和各处的处长。这话说起来简单，办起来却很难。这种管理要从三个方面入手：一是使他们在其位谋其政，别闲着，干好活，干正经的事儿。二是克己奉公，勤政为民。三是不要相互越位和上下错位。《傅子》曰："州总其统，郡举其纲，县理其目，各职守不得相干，治之经也。夫弹枉正邪、纠其不法，击一以警百者，刺史之职也。比物校成考定能否，均其劳逸，同其得失，……太守之职也。"各司其职，各负其责，上级不包办下级的事，主席们不要包办部门的事；该由部门负责人讲的话，就让部门负责人讲，主席们不要去讲；该由部门做的决策，就让部门去做，主席们不要插手，让他们自己决策，自己去承担决策的风险和责任。

三、**政府工作要从务虚入手**。务虚与务实的辩证统一和有机结合，是政府工作艺术的核心。务虚是务实的前提，务虚工作不到位的话，务实不会取得成果的，也许还要走弯路，付学费。所以，真抓实干与务虚是相辅相成的。政府的务虚工作要从三个方面入手：一是搞调研，抓矛盾，做决策。二是理思路，出政策，定计划。三是围绕决策和思路搞策划。好的思路和决策要有好的策划方案配合，否则，思路和决策都要落空。我在 8 号楼里行走 10 年的感觉是，这几届政府在战略（包括决策）策划和工作方案策划方面欠缺。主席和秘书长身边必需有几个策划高手，经常进行谋划活动。他们既要熟悉区情，还要谙习党的方针政策、中央的决策意图和国家各部委的政策趋向，同时还能够从战略高度审时度势、及时提出好的策划方案来。办公厅的综合处、二、三、四处都应该发挥这种作用，政府调研室也应该搞这个东西。

四、政府工作要从政策入手。政策问题是政府工作的生命线，对地区经济发展来说政策也是一把双刃剑，政策也属务虚的范畴，我们在政策问题上下一点工夫是十分必要的。尤其是入世之后，我们既要把握 WTO 的游戏规则，又要在执行中央政策的前提下，制定一套支撑地区经济发展的系列化的地方性政策和法规。政策也是思路与实践的桥梁，好的工作思路必须要有完善的政策支持系统，否则思路难以实现。近 10 年来我区与发达地区的差距越拉越大了，其症结就是缺乏一种较完善的支撑地区经济发展的政策体系和干部机制。因此，政策问题是个大课题，万万不可粗心大意。

五、政府工作要从授权入手。我国古代的行政机构很简单，但是政令还是很畅通，究其秘诀，有很重要的一条就是授权。授权是政府决策层的中心工作之一，从管理学的角度讲，授权也是管理活动的重要环节，是有效完成工作任务的重要途径，通过授权主要领导再不需要凡事亲力亲为，同时又能抽身做更多更重要的事。这里除了给副主席和政府其他部门授权之外，特别注意调动人大、政协的作用和退居二线、三线的老同志的积极性。比如说，锡盟、乌盟等地区的生态和牧业问题，洪善达克沙地、科尔沁沙地、乌兰布和沙漠的治理问题，农牧区的水利建设问题，乌盟、呼市等地的退耕还草、还林的问题等，这些跨盟市的工程，完全可以授权退居二线的德高望重的老同志去指挥协调。这类工作不必搞什么领导小组，而组建××工程指挥部，委派这些老同志去任总指挥，必要时给一个主席特别助理或政府顾问等临时头衔，让他们拿着尚方宝剑去指挥战役。这样的授权，需要把握的是任务与职务的统一，不能只授任务，不移交职权；任务与对方的能力、德行要相称；任务与监察进度要配合，授权并非把事委托他人后，抛诸脑后不管，而是督促工作要跟上去。

六、政府工作要从起草《政府工作报告》入手。1990—1996年间，我先后参加过几次政府工作报告的起草，我感觉起草报告工作有两个缺憾：一是属于少数几个人闭门造车的成果，虽然反复征求了意见，也是这样。二是报告本身没能发挥作用。首先，我认为起草政府工作报告是政府总结上一年的工作，安排下一年工作的极好机会，应该充分调动各位副主席、副秘书长（包括副主任）和委办厅局（包括盟市）的积极性，让他们参与到报告的起草工作，使他们从局外人变成局内人，承担该承担的责任和义务。其次，用政府工作报告这条绳子把各位副主席与主席拴在一起，向人大提交《政府工作报告》时，带若干份附件，将每个副主席和每个委办厅局、每个盟市在《政府工作报告》中所承担的工作任务全部细化，一并交给"两会"与《政府工作报告》一同审议。这样年初定了的事，年底完不成的话，谁的娃娃谁抱，自己到人代会上去作解释。这样做的效果，其一是分散了压力，增强了各位副主席和政府各组成部门的责任感，借人大、政协的监督之势，约束和管理他们，让他们在其位谋其政，认认真真做好各自分管的工作，完成一年一度的工作任务。其二是每年政府 60%—70% 的工作就以《政府工作报告》为纲，一部《政府工作报告》正本加若干副本，统揽一年一度的政府工作，从年初到年底集中精力念好这本经。这样工作头绪和思路清楚，可达到提纲挈领的效果。

　　以上建议，仅供参考。

阿拉腾敖其尔　2002 年元旦

关于改进政府决策模式的建议

乌云主席：

　　趁这次的换届，是否重新调整一下政府的分工模式，以适应新形势的需要。其要点是按照十六大精神重新整合各种行政资源，形成合理分工、有效协作、简便易行、点面结合、纵横交叉的立体的快速反应的决策指挥系统。

　　一、主席和常务副主席的分工。主席，负责全面工作，同时直接分管计划、财政、税务、金融、办公厅、调研室、编办等部门，以便合理调配这些宏观资源，确保各位副主席和各条战线、各个地区的需求；确保收支平衡，国家机器的正常运转和人吃马喂。主席如果能将这几个口子把住的话，就等于牵住了"牛鼻子"，能稳住大局。常务副主席，协助主席向中央和国家各部委汇报工作、跑项目，向自治区党委汇报工作，向自治区人大报告情况，与自治区政协和各民主党派、社会团体协商联络，代表自治区政府与各兄弟省市进行政务沟通。督促检查政府主要工作任务的落实和政令畅通问题。

副主席 A，协助主席分管发展农村牧区经济，加快城镇化建设等项工作。副主席 B，协助主席分管实现工业化，大力实施科教兴国战略，加快国有资产管理体制改革等项工作。副主席 C，协助主席分管能源交通通信等基础设施建设工作。副主席 D，协助主席分管对外开放、西部开发、外经贸和自治区重点建设项目管理等项工作。副主席 E，协助主席分管法制建设、社会治安等项工作。副主席 F，协助主席分管生态治理、环境保护、人口控制以及实现可持续发展等项工作。副主席 J，协助主席分管扩大就业，健全社会保障体系，扶贫救灾，医疗卫生和文化建设等项工作。

二、围绕贯彻落实十六大提出的小康目标，将政府的指挥重心下移，形成以盟市为轴心的纵横交叉、点面结合的决策指挥系统。改变以往副主席管上几个部门（视之为一亩三分自留地），漂浮在上面，走马观花、周游列国的工作风气。副主席不仅要管部门，而且要蹲到盟市亲自抓点，亲自组织指挥小康战役。具体操作方法是，以各位副主席的分工特点，联系十二个盟市的实际情况，每位副主席抓一个盟市的工作。有党委常委的呼、包二市由主席和常务副主席亲自抓，并将鄂尔多斯、乌海带上。这样既有利于把工作做扎实，还利于副主席们的锻炼成长。副主席每年必需用1/3的时间蹲点，1/3的时间跑面，另1/3的时间处理宏观协调事务。每个盟市所组成的小康目标指挥部由副主席牵头，盟市市长和盟市委书记任总指挥，特邀自治区人大、政协的

1—2 位副主任或副主席参与。指挥部明年的工作重点是帮助各个盟市，以旗县区为单位拿出小康目标滚动发展规划，并着手组织实施之。主席们不仅要蹲到盟市进行指挥，每个人还必须具体联系一个旗县和 2—3 个重点村、1—2 个重点企业。

总之，主席不仅要管全面、管战略，而且要集中精力抓计划、财政、税务、金融等重要的调控部门，并将大量的布置协调、督促检查、上传下达、汇报沟通、跑项目资金等日常事务性工作交给常务副主席去办。其他副主席不仅要分管战线和部门，更重要的是将自己的工作重心和指挥部下移，形成点面结合，思路与实践相结合的纵深交叉的立体指挥机制。洋洋洒洒的三万多字的十六大报告的核心就是实现小康目标问题，作为一个地区贯彻落实十六大精神的突破点就是抓小康目标，只要抓住了小康目标，就能达到提纲挈领的境界，而抓小康的工作重心在基层、在一线。为此，主席们分管宏观部门的同时，抓盟市的工作，将自己的指挥部设在前线，是有效整合和调配各类行政资源的最佳选择，也符合中央所提倡的创新精神。

阿拉腾敖其尔　2002 年 12 月 21 日

关于政府工作策略问题

杨晶主席：

尽快进入角色，是主席所面临的新课题。为此，现将我对政府工作的几点体会和浅见呈送，仅供参考。

抓住几个重要环节

一、**抓思路，做规划**。思路和战略规划问题，关系地区经济建设和社会发展大局，是地方政府工作的一个重要环节。面对机遇与挑战，审时度势，谋局布阵，整合资源，调动千军万马，仍是思路与战略规划所要解决的主要问题。在这方面历届政府始终没有取得大的突破，尤其是在战略规划的策划问题上缺乏大手笔操作、缺乏一以贯之的十分明确的布局。这是政府工作之大忌。

二、**抓政策，建机制**。毛泽东同志过去强调：政策和策略是党的生命。今天，政策问题也是政府工作的生命线。政策也是一把双刃剑，它既能解放生产力，推动经济的发展，也可阻碍经济发展，破坏生产力；政策也是思路与实践连接的桥梁和纽带，好的工作思路必须要有完善的政策系统支撑，否则思路难以变为实践。目前，缩小我区与发达地区的差距，其中关键的一点是政策，必须制定一系列的支撑地区经济发展的较有生命力的政策体系。因此，政策问题是个大课题，主席万万不可粗心大意。

三、**抓资金，促项目。**我区是典型的贷大于存的地区，各个地区、各个企业普遍存在融资难的问题。好的思路、好的规划，必须要有资金的支持。资金问题仍是今后一段时期我区经济发展的一个瓶颈，政府应该高度重视这一问题。目前，继续抓好企业上市工作之外，自治区政府应该尽快引进国内的广发银行、深发银行、浦发银行、民生银行等几家商业银行和风险投资品种，积极引导外国商业银行来内蒙古办分支机构。在这两年的招商过程中，我发现像广东发展银行的沈阳分行的一个小支行每年也能调动十几个亿的资金放贷，可见这些商业银行的融资潜力十分可观。

四、**抓干部，建队伍。**思路也好、政策也好、资金也好，都需要人去操作，而发展地区经济，没有一支能征善战的干部队伍，将无从谈起。抓干部、建队伍，首先，应该管好副主席和政府组成部门的一把手和秘书长、副秘书长。使他们在其位谋其政。其次，要对号入座，演好自己的角色。再次，要抓好公务员队伍建设。另外，从政府的角度应该高度重视企业家队伍和村嘎查长队伍建设，他们是最终落实政府工作任务的中坚力量。

五、抓调控，搞服务。调控和服务是政府工作的主要职能和重要环节，这里有个如何把握好角色的变换问题，也就是在该调控之处要搞好调控，该服务的方面要搞好服务。政府各组成部门之间要发挥团队精神，讲大局，重协作，拆篱笆墙，除扯皮风，搞好宏观调控服务工作。

六、入基层，办实事。点面结合、务虚与务实结合、宏观和微观相融，历来是政府工作的重要环节。政府宏观决策的正确与否、政策的好与坏、干部是骡子是马，最终要到基层的实践中去检验。实践是政府工作的真佛，抓落实、重实效是一切政务的落脚点。

以上六点是政府工作不可忽视的几个重要环节，在工作布局中只要紧紧抓住这几个环节的话，政府工作将事半功倍。

把握几个重大问题

一、推进工业化问题，要从产业集成入手。内蒙古的工业化要从实际出发，走自己的路，要从产业集成入手。一个地区的产业集成状况、各个产业和企业的发展水平是决定一个地区竞争力的关键因素。产业集成是指各个产业之间纵向或横向联系所形成的结合体。它包括核心产业、相关产业、支持性产业。纵向联系是指核心产业与支持性产业部门之间的典型联系，而横向联系是指核心产业部门与技术或市场上有互补关系的产业部门之间的关系。可目前我区构建本地区产业集成的关键点在于选准重点领域和对现有的要素和资源的整合。一是，要以呼市、包头、鄂尔多斯为轴心地带建设中国能源工业产业集成区，抢占东北亚地区乃至中国能源工业产业集成高地。目前，我区电力装机容量已达900万千瓦，到"十五"末期将新增装机容量600万千瓦，总装机容量达到1500万千瓦，向区外送电能力达到700万千瓦。因此，创建这一产业集成区的基本条件已经成熟，关键是如何进一步整合资源和要素的问题。二是，以伊利、蒙牛两大企业集团为核心，创建中国乳制品产业集成区。对这一点主席心里很明白。另外，以鄂尔多斯、鹿王、维信、阿尔巴斯等几大企业集团为核心，创建国际羊绒产业集成区。三是，以鄂尔多斯的天然碱化工、天然气开发、煤转油项目、乌海的碌碱化工、锡盟查干淖尔碱矿、呼和浩特的天野化工集团等支撑点，创建中国西部化学工业产业集成区。四是，以西桌子山水泥厂、乌兰水泥厂、乌海玻璃厂、通辽玻璃厂、鄂尔多斯的几家陶瓷企业为核心培育中国西部建材工业产业集成区。五是，以包钢、包铝、包重、包头稀土、一机、二机、东方希望集团为核心，创建中国西部冶金装备工业产业集成区。六是，以生态建设和退耕还草、还林为契机，以绿色、有机、无公害食品为主体，以呼包银一集通线为轴心，创建绿色、有机食品产业集成带。七是，以草原兴发、科尔沁牛业等集团为龙头，以农牧业产业结构调整为契机，创建中国肉羊、肉牛产业集成，将赤峰、通辽、兴安盟等地的玉米带变成肉乳产业带。八是，以蒙药、生物制药、牛羊猪下水脏器和骨头为原料，发展我区生物制药工程产业集成区。九是，以呼市和包头地区十几所高等院校为核心，以毕业生就业率为导向，尽快调整办学结构，扩大招生份额，打造我区高校产业集成区。

二、农牧业产业化问题，要从商品化、市场化和"项目""龙头企业"入手。产业化应该以农副产品的商品化和市场化为前提，其中市场化是龙头，没有市场就谈不上商品化。目前我区农副产品的 60% 用于自给自足，只有 30%—40% 的产品是以商品形式进行交换的。另外，目前农副产品的交易市场和产品销路又不畅通。这是目前我区农牧业产业化所面临的一个难题，其突破点在于有市场前景的"项目"和"龙头企业"。"项目"和"龙头企业"是农牧业产业化的火种，只要有了千千万万个这样的火种之后，农牧业产业化的燎原之火才可熊熊燃烧。

三、城镇化问题，要因地制宜，量力而行，模式化推进。现在有的地区主张通过放宽户籍管理制度，将农民赶进城镇就算城镇化了，这是大错特错。在这一点上要遵循客观规律，不能急于求成，这无论是对农村经济的稳步发展，还是对城市下岗就业压力的缓解都是有利的。城镇化是工业文明和商业文明的产物，其进程有规律可循，不可拔苗助长，只能积极引导，顺其自然。尤其是内蒙古这种生态脆弱的地区更应该这样。

四、经济结构调整问题，要从项目和企业家队伍建设入手。 工业化和农牧业产业化问题是经济结构调整的重要组成部分。除此之外，目前要注意三个问题：其一是抓"项目"；其二是建企业家队伍；其三是重商和繁荣商业。尤其商贸问题是经济结构调整的重要环节，对此我区各级政府的认识不到位。没有市场的牵动，哪有经济的发展？而工业产品和农畜产品利润链的 70% 在流通环节之中，不抓流通哪来的资本积累？沈阳市的一个"五爱市场"年销售额可达130 个亿，店前店后、运输集散等各个环节上的就业人数可达二三十万人。由此可见，抓商贸流通的意义何其重大。

五、扶贫问题，要从劳务输出、村嘎查长队伍建设和医药扶贫入手。 从我区的官方数字看农村牧区现有贫困人口113 万人、城镇人口 100 多万人，实际远不止这些。我区的实际贫困人口现在约有 500 万—600 万人口之间，其中农业区约有 300 万人、牧业区约有 150 万人、城镇约有 200 万人。另外还有重新返贫的那一部分人口，目前，我区重新返贫的比例在 30% 以上。因此，对自治区本届政府来说，扶贫的压力十分艰巨。目前，扶贫的突破点在于劳务输出和建设村嘎查长队伍。有关这两个问题另外还有附件，这里不多谈了。

六、"三农""三牧"问题，要从政策、从分类指导和

基层干部队伍建设入手。中国农牧民目前年上交税费人均130多元，而城市职工上交的税费只有30几元，其差距何其大啊！而且国家对城镇职工的物质、文化教育的基础设施投入也相当可观，反而对农村牧区的基础设施之投入少得可怜，这就是政策所造成的差距。所以，解铃还须系铃人，解决"三农""三牧"问题的源头在于"政策"。首先，从政策的角度给农牧民松绑、减负才是问题的出路所在。其次，要抓村嘎查长、乡镇苏木长、旗县长为中坚的基层干部队伍建设。并将今后的基础设施投资向农村牧区倾斜。另外，还有一个分类指导问题，如18个边境牧业旗县应该吃中央的边疆建设政策饭，其他的牧区和民族旗县应该吃中央的民族政策饭，而那些地处生态建设线的农区和牧区应该吃国家的退耕还林还草饭。此外，一部分贫困旗县应该享受国家的扶贫政策。

七、西部开发问题，要从消化中央向西部倾斜的政策和项目策划入手。首先，消化政策的关键点在于围绕中央的政策，地方政府出台一系列配套政策和措施，将中央的政策变为地方经济发展的驱动力。其次，西部开发要找准切入点和有效的项目策划，紧紧围绕中央的脉络和最大限度地套取中央的倾斜资金来策划项目。此外，地方和企业的配套资金问题也很关键。

八、关于对外开放问题，要从项目策划、政策到位、改善软硬环境入手。在这两年的招商工作中，我感触最深的就是各盟市的项目策划不到位问题。项目是招商的载体，也是落脚点，没有好的项目，怎么招商？这个问题必须引起各级政府的高度重视，下大气力建立高起点、有预见性、大手笔策划的项目库。之外，才可谈得上政策优惠不优惠、服务到位不到位、基础设施硬不硬，还有那"一站式服务"。另外，应该将2003年确定为内蒙古"项目年"，加快招商引资的力度，形成从上到下，从东到西，全社会谈项目、引项目的大氛围。

九、就业和社会保障问题，要从解放劳动生产力入手。下岗也好、就业也好、再就业也好、最低生活费的保障也好，问题的症结在"工作岗位"几个字，有了工作岗位，也就算就业了，就业了就等于有饭吃、有钱花了。目前，在劳动力的卖方市场中，就业问题的关键点恐怕还得讲自力更生、自食其力，从政府的角度讲，应该想方设法从思想上解放他们的观念、从政策上解除束缚其手脚的条条框框、从环境上提供就业的平台、从素质上提供再教育的机会等等。

用好几个常规套路

一、组织几个战役。一是组织好京津唐绿色屏障建设攻坚战役。二是组织好退耕还草还林战役。三是组织好重点盟市脱贫奔小康攻坚战役。四是组织贫困地农民进发达地区打工攻坚战役。

二、搞好几个工程。一是以医药扶贫为主线，集中改造贫困旗县和边境牧区旗县医院。这既是扶贫工程，也是民心工程。二是以就业和完善社会保障体系为主线，搞好民生工程。三是以维护社会稳定、边疆安宁为主线，在 18 个边境旗县实施强疆安边工程，集中财力物力解决边境地区牧民的生产生活、看病就医、子女上学就业等问题。四是高度重视与北京市的对口支援问题，进一步创造性地开展对口帮扶工程。

三、创建几个模式。一是选择 3—5 个旗县组织实施扶贫试验特区。在特区范围内减免一切税费，鼓励区内外客商进特区办实体、搞开发。鼓励当地农牧民以股份制形式转让土地，出去打工谋生计。二是试验几个城镇化模式。三是试验几个牧区及畜牧业现代化模式。四是试验几个生态农牧业发展模式。

四、疏通几个渠道。一是疏通与基层群众联系的渠道，便于了解民情，解决困难。二是疏通建言献策渠道，以便集中民智。三是建立一种与时俱进的政务反馈渠道。

以上建议，仅供参考。

阿拉腾敖其尔　2003 年 4 月 8 日

【策划东北协作振兴】

二〇〇二年的三省一区协作振兴的动议和呼声，为中央『东北老工业基地振兴』战略的形成起到了不大不小的促进作用。老工业基地振兴战略是中央一系列区域开发战略之中最具战略意义的一件大举措，其战略意义可以用百年大计来表述。

东北是我国重化工工业基地，是共和国装备制造业和钢工业的脊梁。辽宁的城市人口占全省人口的63%，全省从事工矿业的产业大军达600多万人，全省具有航母级的大型企业集团近百家。辽宁也是共和国国土安全的锁钥之地。20世纪30年代，日本帝国主义侵略中国的枪声是从沈阳打响的；而建立新中国的解放战争，也是从东北拉开的序幕。可想而知，辽宁乃至大东北的战略地位是何等的重要啊！

关于恢复东北经济协作区
协作工作的几点建议

薄熙来省长:

　　东北经济协作区也叫辽、吉、黑和内蒙古三省一区协作区,从20世纪80年代初开始启动,是在国务院和国家计委指导下进行的一种区域性经济协作活动。二十多年来三省一区之间搞了一些的协作活动,成效较好。到20世纪90年代后期,这种协作活动已松懈,或曰名存实亡。年前我办就三省一区的协作问题到吉林、黑龙江两省进行了走访调研,他们认为恢复东北经济协作区的协作是非常必要的,并希望辽老大牵个头。关于东北经济协作区的问题,我提几点建议:

　　一、加快三省一区的经济协作步伐的必要性。首先,从自然资源、市场发育度、地缘结构、风土人情和经济发展阶段看,三省一区有很多相似之处和互补性,加之市场链、产业链、城市辐射链和区域经济链等均互为相依、相互辐射。其次,从入世后的形势看,发展规模经济,进行区域性分工协作是个大趋势。三省一区都是农业大省,是中国玉米、黄豆的主产区；三省一区也是工业大省，尤其是冶金、化工、畜产品加工、机械装备制造业和汽车工业，在中国占举足轻重的地位。再次，从整合物流的角度看，三省一区的出海口几乎集中在辽宁，而内蒙古、黑龙江、吉林还有30多个边境口岸和几条国际性的陆路通道，这些都是发展区域经济的优势资源。如何进一步整合物流业，以物流业驱动三省一区的经济发展也是一个很重要的协作课题。

二、经济协作的切入点。一是围绕名牌产品进行协作。目前三省一区大约有40多种名牌产品，这些名牌在国内外都有一定的知名度，围绕这些产品的扩张，进行协作的空间十分广阔。二是围绕优势产业进行协作。如冶金机械、装备制造、汽车工业、医药化工、森林工业、粮食转化、畜产品加工、玉米黄豆等都是三省一区的优势产业，围绕这些产业的分工协作和优势互补需要做的文章很多。三是围绕人力资源开发、技术创新和干部培训进行协作。目前，三省一区有高等院校二百多所，其中有全国名牌大学二十几所；有各类科研院所近千家，其中国家级的重点科研院所一百多家，在目前的知识经济年代这些都是宝贵的财富和资源，围绕整合这些资源，三省一区需要协作的余地很大。四是围绕基础设施和生态建设进行协作。如三省一区间的公路交通和断头路修建、生态建设、水利设施建设、口岸港口建设和共享进行协作。五是围绕共享政策进行协作。三省一区中内蒙古已进入西部开发，这方面国家出台了一系列的优惠政策，另外国家关于扶持老工业基地建设方面也出台了不少政策，围绕上述政策三省一区间均可探讨共享之策。

三、**经济协作的操作步骤**。一是建议今年5、6月份由辽宁省牵头，邀请三省一区的高层领导在沈阳召开一次经济协作座谈会，共商协作大计，拿出一个近期进行经济协作的框架协议。二是先易后难，今年争取打几场三省一区协作方面的战役。三是向中央争取一系列的三省一区经济协作和振兴东北经济方面的扶持政策，以争取国家的大力支持。总之，东北经济协作区的问题，非辽老大牵头不可，而只有这样才能形成气候。另外，进一步搞好三省一区的协作，对提升辽宁的地位和振兴东北经济，也具有十分重要的战略意义。

以上建议，请参考。

阿拉腾敖其尔　2002年元月31日

关于我区与东北三省开展
经济协作的几点建议

乌云主席：

今年 10 月中旬，为贯彻落实自治区对外开放会议精神，我们就储书记和王凤歧副主席强调的加强与东北三省开展协作的问题，进行了调研。现将有关情况报告如下：

一、进一步加强与东北三省的经济协作，是我区扩大对外开放的重要突破口。东北三省的自然资源、产业结构、市场发育程度和风土人情，与我区相似之处很多，尤其是我区的东四盟市的市场链、产业链、区域经济链和城市辐射链与黑龙江、吉林、辽宁有着紧密的联系。在上个世纪 80 年代末和 90 年代初，我区与东北三省间的协作关系很密切，那时东北经济协作区的常设机构设在沈阳，东三省和内蒙古各指定一个副省长协调处理三省一区的协作，而到了上个世纪 90 年代中期之后，这种协作关系淡化了。近日我们走访辽宁、吉林、黑龙江等三省时，他们认为恢复东北经济区的协作，是非常有必要的。吉林省协作办的负责人说：他们认为到沿海搞招商，轰轰烈烈进去一两千号人，花销上千万，实际效果并不佳。其原因有两：一是不发达地区到人家那里，也得不到重视，就像乡里的穷亲到富亲家那里串门的感觉似的；二是沿海发达地区的市场发育度与内地省市区已不属于一条起跑线了，同样的投资在沿海地区的回报率与内地的相差很大，所以，流资的趋向是回报率高的地区，而绝不是落后地区。吉林省这几年在沿海招商的效果并不理想，他们认为远亲不如近邻，在邻里之间搞好协作、搞好优势互补是一条很现实的路子。因此，我们认为搞好东北经济区的协作、搞好近邻之间的优势互补，主动接受邻近省市区的经济辐射和市场循环，是我区对外开放的一条较为现实的途径。

　　二、我区与东北三省协作的切入点。一是围绕东四盟市（加锡盟）的经济发展规划进行协作。三省一区的东北经济区的协作，重点应该是东五盟市（加锡盟），也就是东五盟市如何跳出内向自我循环的圈子，主动接受辽宁、吉林、黑龙江三省的地域经济的辐射问题。目前，东五盟市要瞄准东三省的经济优势和市场潜力进行调研和筛选项目，拿出一批高质量、可行的、适合参与东北经济区协作的协作方案，然后在自治区统一调度之下开展全方位的协作，也可以以盟市、旗县为单位主动出击。二是围绕我区西部大开发的重点项目库、自治区"十五"规划的 435 个项目建设和 140 个重大工业重点项目进行协作。尽快从这些项目库中选出适合东北经济区协作的一批好项目进行对接。三是围绕东三省的优势和发展态势进行协作。机械装备、冶金、化工、汽车工业、森工、医药和旅游是东三省的优势。今年中央已将沈阳列为国家机械装备工业创新基地,加大了投资力度和政策倾斜,而我区的包头、呼市、乌海市的机械工业可以盯住沈阳的机械装备工业的动态,参与其分工协作。长春、沈阳的汽车工业较为发达,沈阳近日到韩国进行汽车工业零部件招商活动,那么我区包头和呼市地区的汽车工业,为什么不能加入长春、沈阳汽车工业的分工协作圈呢?近两年哈尔滨、长春、沈阳、大连的医药工业迅速崛起,而我区的蒙医和药医工业的发展可加入这些省市的医药集团的发展轨道。四是围绕人力资源开发、技术创新和干部培训进行协作。东三省有我国著名的哈尔滨工业大学、东北财经大学、东北师范大学、东北林业大学、中国医科大学、白求恩医科大学、大连外国语大学等二百多所大专院校和上千家国家一流的科研院所,这些都是宝贵的资源,也是我区与东北经济区协作的又一个重点。未来十年的发展,我区至少需要10万个企业管理人才、2万名优秀的政务管理人员,3万—5万名称职的乡镇(苏木)村嘎查级基层干部,这些人才怎么培养,都是难题。因此,我区与东三省在人才培养、科研成果转化和企业技术创新等方面协作的前景广阔。五是围绕三省一区的名牌产品进行协作。我区的鄂尔多斯、鹿王、阿尔巴斯、伊利、蒙牛、仕奇、草原兴发、宁城老窖、蒙古王等名牌在东北很有影响,围绕这些企业的名牌扩张、市场开拓进行协作是一条很好的协作途径。我们这次到黑龙江、吉林等地进行调研时，当地都有这种要求。而东北三省的名牌产品也可在内蒙古进行扩张和拓展市场，这对两地的经济发展都是十分有利的。

三、我区与东北三省进行经济协作的主要措施和步骤。我们在继续改善投资环境的同时，东北经济区的协作要采取以下几条具体措施为宜：一是在自治区对外开放领导小组的统一指挥下，建立自治区东北经济协作联席办公会议制度，每年召开两次联席办公会议，专题研究和协调与东北三省的经济协作问题。联席办公会议的召集人由自治区对外开放领导小组的主要负责人兼任，组成人员由东部五盟市和其他有关盟市的"一把手"和自治区有关部门的负责人参与。联席办公会议的办公地点设在自治区人民政府驻沈阳办事处，日常的联络工作由驻沈阳办事处承担。二是充分发挥自治区驻外办事机构的作用。目前自治区政府、各盟市、旗县和企事业单位在东三省有六十多个办事处和分支机构，这是我区对东三省开放的重要"窗口"和"桥梁"、"纽带"。自治区对外开放会议之后，自治区政府驻沈阳办事处、驻哈尔滨办事处、驻大连办事处召开了联席座谈会议，决定以自治区驻东北三家办事处为核心，组织各盟市、旗县和企业驻东北三省的六十多家办事处，改变过去那种各自为阵、孤军奋战的局面，统一规划、统一步调，形成驻外机构的工作合力，提高办事能力和水平，为自治区对外开放做出更大的贡献。

这一形成合力的工作正在进行，年内就可见到成效。同时，我们正在筹建东北内蒙古经济开发促进会，将在东三省工作、创业的内蒙古籍人和在内蒙古下过乡、工作过的同志联络起来，为我区的开放服务。三是打几个战役。首先，考虑在明年年初，自治区高层领导带队，组织部分盟市、企业事业单位的招商团到东北三省搞一次巡回招商活动，从而拉开我区与东三省的新一轮经济协作序幕。其次，在摸清情况的基础上，搞几次以行业、以地区为主的招商活动。另外，以东五盟市为主，其他盟市自愿参与，在我区东部搞一次文体搭台性的集中招商活动，届时邀请东北三省的党政代表团和企业赴会。

　　以上报告，仅供参考。

阿拉腾敖其尔　2001 年 10 月 30 日

关于三省一区协作问题

乌兰巴特秘书长并呈乌云主席、牛玉儒副主席：

　　为贯彻落实去年召开的对外开放会议精神，我办于2001年10月份到东北三省就三省一区的协作问题进行了调研。而后，10月30日分别给自治区党委和政府上报了《关于我区与东三省进一步开展经济协作的几点建议》，对此件储波书记批转了乌云主席和岳福洪副书记。乌云主席、王占副书记、王凤歧副主席、牛玉儒副主席分别在此件上做了批示。

　　为了更好地将三省一区的协作工作搞起来，今年元月31日我以个人名义给薄熙来省长提了《关于进一步搞好东北经济协作区协作工作的几点建议》。2月10日薄熙来同志在该建议上批示："请大伟（省政府调研室主任）研究，此议很好。"春节之后，辽宁省调研室几次来办事处，与我一起深入探讨了三省一区的协作问题，并到吉林、黑龙江进行了调研。在此基础上形成了《关于对重新恢复东北经济协作区的调查》，并以《送阅件》的形式上报了薄省长。4月24日薄熙来同志在此《送阅件》上批示："请各省长阅，并思考这一问题，下月常务会议讨论。"据了解薄熙来同志将召开常务会议专题研究三省一区协作问题。估计在下半年邀请内蒙古、吉林、黑龙江三省的领导来沈商议恢复东北经济协作区的问题。开弓没有回头箭，看来三省一区的协作问题已成定局，各自该进入角色了。因此，我区是否事先做以下几点准备工作：

1. 对恢复东北经济协作区的指导思想、工作思路和合作方式有一个明确的构思；对我区参与协作的主要领域和重点项目，拿出一个操作性较强的方案。

2. 在协作机制方面，辽宁省调研室在给薄省长的《送阅件》里所提的方案是："建议协作区高层领导实行每年例会制度，执行主席由三省一区政府领导轮流担任，下设办公室，在协作区高层领导例会结束后，负责承办整个协作区的日常工作。办公室成员由各省区分别派人员参加，他们同时有政府特派员的身份。"吉林、黑龙江在沈阳都设有办事处，他们可能代政府行使特派员的角色。自治区政府驻沈阳办事处是否也在政府授权的范围内可行使特派员的角色，以便协调三省一区协作的前期准备工作和处理日常事务，请斟酌。

3. 对我区赴辽宁参加三省一区协作座谈会的组团问题，是否应该有一个思想和时间方面的准备。

特此报告。

阿拉腾敖其尔　2002 年 5 月 3 日

关于东北经济协作区近期
开展协作的几个议题

一、解决东北地区能源短缺方面

1. 联合开发内蒙古鄂尔多斯盆地的天然气（探明储量达 6025.27 亿立方米），实施西气东输工程，解决东北地区能源短缺状况。该项工程总投资约 500 个亿人民币（1/3 引资、1/3 国内筹措、1/3 三省一区范围内参股），今年筹备，明年动工，分头实施，并在当年可实现西气进辽宁、吉林。西气进辽宁后每立方米的成本约 0.6 元，如果给市民的销售价定在 0.8 元的话，比目前沈阳市民所用煤气 2.4 元的销售价还低 2/3 呢。这样不仅市民受益，而且城市供暖和工业动力问题得到缓解。该项工程的关键在于从战略高度认识问题，在于市场化运作，在于行政协调、政策到位。而资金筹措和施工的难度并不大。

2. 充分利用内蒙古集宁至通辽的地方铁路线，组织内蒙古的煤炭东运，在辽宁、吉林组建连锁经营式的大型煤炭、炉料市场，改善辽宁和吉林煤炭、炉料短缺状况。该项工程近期可以启动,其着力点在于资源整合、政策到位,而不需要新的投资。

二、装备和车辆制造方面

1. 以今年 8 月沈阳国际装备制造博览会为契机,组建三省一区装备制造专业化协作组织,尽快整合三省一区的装备制造资源,抓住发达国家制造业向亚洲实行梯度转移的契机和沈阳被国家确定为"用高新技术改造传统产业、推进装备制造基础建设"试点城市的时机,推进合作,逐渐把三省一区建成国际装备制造产业集成区。着力点是战略规划和产业集成的多元化、国际化。

2. 以中国一汽、沈阳金杯、辽宁黄海为龙头,迅速组织三省一区上百家汽车、拖拉机、机车、农用车辆制造厂和上千家的零部配件生产企业,通过分工协作、专业化生产、外引内联和联手开拓市场等协作手段,打造中国乃至亚洲最大的车辆生产产业集成区。着力点是形成协作型竞争局面和战略联盟。

三、名牌推进方面

1. 从三省一区选出 50 个名牌产品,以名牌产品为龙头整合相关资源,形成三省一区范围内名牌互相渗透、交叉扩张的发展局面。着力点放在战略规划和市场链、供应链的延伸上。

2. 三省一区联手在国内外创办一千家名牌产品连锁营销专卖店和服务中心。

四、农业产业化和农畜产品加工方面

1. 围绕农业产业结构调整、退耕还林和生态建设，整合现有的农牧业生产要素，着力发展生态农业，抢占中国乃至世界绿色农业、有机农业发展高地，逐步在三省一区范围内形成几个大型的绿色食品、有机食品生产加工基地。建议近期三省一区联手在北京、上海、广州、武汉、香港等中心城市组建东北绿色有机食品一条街或大型超市，打造中国绿色食品、有机食品物流通道。

2. 以内蒙古的"伊利""蒙牛""草原兴发"、辽宁的"辉山"、吉林的"德惠""浩月"、黑龙江的"哈尔滨红肠"、"龙丹"等企业和产品为龙头，以"龙头企业—基地—加农户—连市场"的模式，打造三省一区农畜产品加工产业集成区和扶贫解困工程链。形成三省一区农村和贫困地区的群众赶着鸡鸭猪羊、牵着奶牛（包括黄牛）奔小康的局面。

五、物流和市场建设方面

1. 以哈交会、大连服装节、长春电影节等会展品牌为龙头，适时举办三省一区产品博览会暨经贸洽谈会，以规模优势吸引外商投资和国内经济合作。并适时在国内几个发达地区举办三省一区产品展销会，借以推动大跨度的区域经济交流与合作。

2. 以"五爱""西柳"大市场为龙头，以各大城市的各类市场或商厦为载体，推进各类连锁经营。着力点在于培育市场，实现规模化经营。

3. 选择沈阳、长春、哈尔滨、包头等几个大城市组建工业生产资料大市场，并进行连锁经营。着力点是跑马圈地，形成市场集散功能。

六、基础设施建设方面

1. 围绕三省一区几十个口岸和几大港口整合资源，达到资源共享，搞活物流。着力点是资源整合、延伸供应链，主要口岸和港口装备 ERP 系统，提升竞争能力。

2. 围绕航运、海运、通信、交通枢纽和信息网络建设搞协作，并争取 2—3 年内将省际之间的断头路、断头客运线和物流网贯通。

3. 以三省一区各类工业园区、开发区、保税区为载体，整合资源，组建三省一区工业园、开发区协作体。着力点在于使各种生产要素在各类园区之间进行合理流动，有效利用，形成合力。

七、医药和化学工业方面

1. 三省一区相互开放市场，以白求恩医科大学、中国医科大学、东北制药厂、哈尔滨制药厂（几家）、内蒙古制药厂和长春、通化制药厂为龙头，与若干个具有实力的大商场、大医院、大药店联手，在三省一区范围内组建千家中型医药连锁店、百家连锁医院和 20 个急救中心，进而整合制药、研发、销售、医疗、教学等资源。

2. 以吉林的吉化、辽宁的辽化、内蒙古的亿利化工集团为龙头，整合三省一区的化学工业资源，实现跨省区结构调整，打造化工品牌联合体，以应对入世。

八、金融保险方面

1. 尽快组建东北亚商业银行，联手发展金融市场，为把沈阳建成东北亚的金融贸易和制造业中心，创造条件。

2. 三省一区在中央统一规划之下，相互开放证券、保险、融资市场，打造金融市场品牌。

九、旅游方面

1. 三省一区相互开放旅游资源的行政管理权限，统一规划、统一开发跨省区的旅游市场，打造亚洲最佳的冰雪、草原、民族、名胜、海滨、探险、避暑休闲旅游系列产品。着力点是旅游资源的深层开发、连锁经营，从而延伸产品价值链。

2. 三省一区范围内组成百家连锁旅行社和旅游饭店。

十、文化教育和人力资源开发方面

1. 以哈尔滨工业大学、东北财经大学、东北大学、吉林大学、内蒙古大学为基地，组建亚洲最大的企业管理人才和企业技术人才培训网络，形成年培训3万名企业家、6万名企业中层管理人才、10万名技术工人的规模，进而抢占中国乃至亚洲企业管理人才培训高地。着力点是资源共享，实现多层次、多形式的协作。

2. 以东北师范大学、辽宁师范大学、黑龙江师范大学、内蒙古师范大学为龙头，整合三省一区的师范教育资源，形成师资培训、教师进修和远程教育网络，争取 3—5 年内使协作区内的农村义务教育实现远程教育化，以解决农村牧区繁重的教育经费负担和师资紧缺问题。着力解决普及农村义务教育过程中出现的学生分散、师资短缺、教育成本高、教学质量差的难题。

十一、其他方面

1. 创办《东北亚经济协作报》。

2. 建立三省一区经济资源、文化旅游资源、人力资源、招商项目库和网络平台。

（此件是给薄熙来省长送呈函的附件）

关于恢复东北经济协作区的几点意见

——东北三省一区经济协作工作
座谈会会议纪要（摘要）

根据国家经贸委责成辽宁省经济协作办牵头恢复东北经济协作区的要求，今年 8 月 26—27 日，应辽宁省人民政府经济协作办的邀请，吉林、黑龙江、辽宁、内蒙古自治区的经济协作办（计委）的有关负责人在沈阳召开座谈会，交流了前一阶段三省一区领导对恢复东北经济协作区的意见和各省区政府有关部门所做的前期工作。通过两天的座谈，大家就恢复东北协作区的必要性、紧迫性、可行性和操作步骤等问题进行了深入细致的探讨，并形成了以下几点共识。

一、尽快恢复东北经济协作区工作的必要性。一是从自然资源、市场发育度、地缘结构、风土人情和经济发展阶段看，三省一区有很多相似之处和互补性，加之市场链、产业链、城市辐射和区域经济链等均互为相依、相互辐射。二是从整合物流和整合资源的角度看，三省一区的出海口几乎集中在辽宁，而内蒙古、黑龙江、吉林还有 40 多个边境口岸和几条国际性的陆路通道，这些都是发展区域经济的优势资源。如何进一步整合物流业，以物流业驱动三省一区的经济发展也是一个很重要的协作课题。另外，三省一区都是农业大省，是中国玉米、黄豆的主产区；三省一区也是工业大省，尤其是冶金、化工、畜产品加工、机械装备制造业和汽车工业，在我国占有举足轻重的地位。三是从加入世贸组织后的形势和目前国际国内协作趋势看，发展规模经济，进行区域性分工协作是个大趋势，在经济全球化趋势的推动下，区域经济合作乃至一体化在各大洲的进展加快。欧盟、欧元区代表着最高的一体化水平，美加墨自由贸易区紧随其后。近一个时期以来，亚太、亚洲区域经济合作的活动十分频繁，我国提出的建立中国与东盟自由贸易区的建议，即将进入实质性运作阶段；不久前在海南举办的博鳌亚洲论坛首届年会，亚洲合作成为主题。有专家指出，区域合作和地区经济发展将是今后经济发展的主流。目前，全国现已建立起的区域合作组织就有100多个。其中，比较活跃的合作组织有：珠江三角洲经济协作区、长江三角洲经济协作区、武汉经济协作区、环渤海地区经济协作区和闽粤赣经济协作区等，东北地区还是空白。如武汉经济协作区（总部设在武汉），现已发展到湘、鄂、赣、豫4省28市，近两年协作区完成2万多项合作项目，资金额1000多亿元。从今年开始，这个经济协作区的协作工作将"提升"到全方位联合的新阶段，并在工业、农业、商贸、科教、旅游、基础设施建设等 6 大领域实现"联动"。例如，其工业领域，组织区域内工业体系和各地特色工业走廊的优势，进行专业化分工合作，开展跨地区产业整合和资产重组，在优势产业中培育一批全国性的大型龙头企业集团；其旅游领域，联袂建设以武汉为中心，半径 500 公里的华中旅游圈，使之成为竞争力强、特色突出、服务一流的旅游区。

二、在新的形势下，三省一区协作工作的主要任务和切入点。一是围绕三省一区经济发展所面临着的共同问题进行协作。如经济结构中传统产业、资源型产业和国有经济比重大、脱困难；农业生产结构单一，农副产品都处于低水平过剩状态；扶贫脱困、环境保护和生态建设的任务繁重，等等，均是三省一区所面临着的共同难题。围绕解决这些共同难题，三省一区可以联手动作，并就联合协作中的重大政策和重大联合项目，向党中央、国务院报告，提出建议和政策倾斜。二是围绕三省一区的共同优势以及优势产业的互补和名牌产品扩张进行协作。如装备制造、汽车制造、重化工、森林工业、冶金、乳制品、医药生物工程、煤炭石油等方面三省一区有着强大的优势，同时三省一区还有近百个名牌产品。因此，围绕打造中国乃至世界装备制造业基地、机动车辆制造基地、重化工基地、乳制品和医药生物工程基地以及围绕名牌的扩张等方面需要协作的潜力十分巨大。三是充分发挥中心城市的辐射作用和大中型骨干企业的主导作用，促进生产要素优化组合和生产力布局合理化。围绕专业化进行分工合作，协调和组织实施跨地区的产业整合、资产重组和产业升级，培育一批全国性的大型龙头企业集团。以合作项目为基础，统一研究、规划、协调和组织实施协作区在生态建设、农畜产品加工、交通、通信、能源和原材料工业及旅游业等方面开发建设项目。四是打破地区限制和封锁，联合培育和建立区域性市场体系，建设和完善区域性的商贸流通市场和物流中心，鼓励工商企业互设商场、市场、连锁店、专卖店，实现区域间商品的顺畅流通。以大型商业集团为主体，采取连锁加盟、特许经营、量贩超市等新兴经营形式，拓展经营空间。以交通运输、物流配送和电子商务为切入点，发挥港口、仓储的优势，统一研究、规划、组建有特色的产品市场。如汽车、金属材料、建材、煤炭、粮食、中药材、海产品、农副产品市场。扶持区内一些有影响的产品交流会、经贸洽谈会、国际服装节、冰雪节。联合做好金融市场的培育，研究建立东北商业银行或合作基金。五是充分发挥协作区科教领域的协作。以高新技术成果转化、产学研的联合开发、生产和技术咨询服务等为主，组织开展区域性科技合作与交流活动。联手共建企业研发中心，构建协作区产学研和科技开发的联合体，共享技术创新优势和技术转让成果。有计划、有重点地把协作区内200多所大专院校、2000多个科研机构和科协等学术团体组织起来，开展多层次、多形式、多专业协作活动。在协作区构建互惠互利、共享共用和多赢互补的人才与科教资源市场。六是加强交通、通信等基础设施建设领域的协作。以高速公路、水运、铁路、航空、信息五大通道建设为重点，加快区域基础设施建设。加强区域内各城市间基础设施的连接，形成发达的地区交通枢纽、信息网络骨架。强化区内城市交通、通讯信息、生态环境保护等重大基础设施建设方面的合作与协调，特别是区域整体规划上的相互衔接，实现资源共享，信息共用。七是大力推进旅游资源的开发协作，尽快形成一批新的经济发展优势。以旅游产品开发和组合、旅游市场开拓、旅游景点建设等为方向，开展区域性旅游联合与协作，共同开发建设协作区旅游基础设施和旅游度假村，建设一批符合现代休闲、娱乐需求的游乐景区。发展区域旅游连锁经营，共同筹办旅游专项活动。八是联合扩大对内对外开放。共同加强与经济发达地区、中西部地区的经济合作，联合开展招商引资、对外贸易、边境贸易和国际经济技术合作。通过协商合作，共同研究少数民族地区和贫困地区经济发展的路子和相关措施，在国家的扶持下，共同探讨防灾减灾，维护生态平衡，加快东北少数民族和贫困地区经济发展。

三、恢复东北经济协作区的操作步骤。一是经过三省一区有关部门的前期准备工作，我们认为恢复东北经济协作区的工作时机业已成熟，为此设想在9月下旬在沈阳召开三省一区政府主要领导协商会。（1）商讨在更深程度和更高层次上的区域合作，讨论、签署《东北经济协作区章程》、《东北经济协作议定书》，明确东北经济协作区工作的指导思想、基本原则、合作重点领域及保证措施。（2）商讨建立"三省一区"经济合作的官民对话机制，包括省区政府领导会议、各城市市长会议、非官方论坛、企业论坛等多层次的定期或不定期会议，并商讨建立信息联系渠道和载体。（3）商讨联合开展调查研究工作。选择涉及经济区内经济建设、社会发展的一些重大而又紧迫的问题进行调查研究，如重新评估东北经济区在 21 世纪中国经济与社会发展中的地位与作用；东北老工业基地的历史贡献和发展定位；如何发展优势，振兴东北装备制造业；研究促进经济区内产业整合和资产重组的途径及办法；研究如何联合扩大对日本、韩国、俄罗斯的对外开放；研究促进东北经济区的经济协作、旅游合作、环境合作、能源合作、交通合作、教育合作与学术交流的办法，等等。（4）选择适当时机对外宣布重新启动"东北经济协作区"。二是成立东北经济协作区办公室。东北经济协作区政府高层领导实行每年例会制度，主要研究和商定区域经济合作的重大方针、政策、原则和重大协调措施，为行业、企业、地区的合作创造条件，促进共同发展。执行主席由"三省一区"政府领导轮流担任。在沈阳成立东北经济协作区办公室，在协作区高层领导例会结束后，负责承办整个协作区的日常工作。其工作职责：（1）负责"三省一区"经济、科技、教育、文化、卫生等领域合作的组织、协调工作。（2）负责"三省一区"对内开放的综合、规划、组织、指导工作和招商引资、市场拓展工作。

（3）负责组织和推动东北经济协作区同珠江三角洲经济协作区、长江三角洲经济协作区、武汉经济协作区、环渤海经济协作区、闽粤赣经济协作区为重点的区域经济合作工作。（4）做好经济协作区轮值主席方案的统筹、协调、联络以及日常工作。（5）参与或协助有关全国性、区域性市场的规划、培训、建设和协调工作。

2002 年 8 月 27 日

（注：该纪要是作者执笔起草的）

【决策拾遗简牍】

这里收录的是我在沈阳办事处工作期间给自治区领导的几份政策建议和决策拾遗件。多数有批示，这里不列举了。因为这些建议都是给自治区领导呈送的，所以根据领导同志日理万机的特点，写法上采取了点到为止，均未展开叙述论证，仅仅是破了个题而已。有的为了简约笔墨没有顾及结构层次逻辑等章法和文法的框框。

近期我区需要争取的几个新项目

巴特尔主席：

为了应对国际金融危机和拉动内需，中央近日决定新增投资四万亿，这对我区的部分投资项目的提前上马也提供了契机。围绕争取项目的问题，提几点思路，仅供参考。

一、**西气东输项目**。也就是将鄂尔多斯气田（包括陕甘宁气田）经包头、呼市（已到呼），沿着集通铁路线输送到通辽，再从通辽送达沈阳、抚顺、本溪、大连等东北老工业基地。项目建成之后，我区的集宁、锡林浩特、赤峰、通辽等市和部分沿线的旗县受益。该提议我于2002年曾向乌云主席书面建议过，当时时机不太成熟，但是今天我认为时机已成熟。该项目可以走国家振兴东北老工业基地规划，可动员辽宁省联手运作。该项目需要投资500个亿。

二、**集通线扩容提速和续建项目**。国家有关部门上个月宣布近几年投资2万个亿用于铁路基础设施建设，这也是难得的契机。集通线扩容的重点是将单轨变双轨三轨；其提速重点是可运行时速达300公里的客运列车；其续建的重点是新修建从通辽直达乌兰浩特、海拉尔的直线和从通辽进营口港的直线。该项目需要投资 150 个亿。

三、**呼市、包头、乌海、临河、通辽、海拉尔等城市的地下管网改造项目。**这些城市地下管网配套设施已远远赶不上城市扩容的压力了，欠账太多，需尽快改造。这次乘国家的投资东风，应该把这些老城区的管网改造列入国家计划。该项目大约投资 50 个亿。

四、**我区旗县医院扩建项目和自治区蒙医院新建项目。**我区地域辽阔交通设施和网络不发达，因此，旗县医院在解决农牧民看病难的问题方面起的作用十分关键。而目前我区旗县医院的规模、设施、设备和医护条件远远落后于当地群众的需求，需要尽快扩建。这次我们可以按照每个医院 5000 万的投资规模，对全区 101 个旗县医院进行全面扩建，做到一步到位。另外，自治区中蒙医院今年年底分家之后，争取新建一个投资 10 个亿、占地 300 亩、建筑规模 10 万平方米、设备达到国内一流的 3A 甲级蒙医院为宜，以体现党的民族政策。

五、**牧区基础设施建设系统工程项目。**一是从呼伦贝尔草原至阿拉善东西 4000 公里、南北 200—300 公里的范围内，普遍推进一次彻底的灭鼠灭蝗工程。二是改造优化草原的牧草植被工程。我区的牧区草场荒漠化、沙化日益严重，其中除了人为的破坏之外，优质牧草和植被逐年退化现象十分严重，其结果是造成牧草的固沙、覆盖沙土的功能退化，失去了自我修复能力。这就需要在我区荒漠草原进行一次大面积的牧草植被修复工程。三是围绕建设社会主义新牧区的目标，改善牧区动力源、水源、交通、通信、人畜居住等基础硬件环境。四是调整我区羊绒产业的发展模式，荒漠干旱草原限制养殖绒山羊，鼓励牧民饲养肉牛、肉绵羊、肉鸡等草场压力较轻的畜种。五是调整我区 18 个边境旗的发展思路，不以 GDP 和增加财产收入论英雄。其主要任务是强边安民搞好社会稳定。边境旗县生态脆弱，限制开采那些小矿山和低品位的矿藏资源，加强户籍管理，限制流动人口的涌入，边境旗县的基础设施建设，政务运行和民生以中央财政的转移支付为主。

六、我区的风电、光电产业集群建设项目。我区开发风电资源的工作近几年有了突飞猛进的发展。近两年国家在发展清洁能源方面加大了投入，这为我区积极配合国家的战略步骤，进一步加快风电和光电建设步伐，创造了良好机遇。这一领域我们需要抓三件事：一是加快风电产业规模化经营步伐，逐步向产业集群迈进。二是完善风场入网并网的基础设施建设工程和配套维修服务。三是积极发展我区的风电产业的设备制造加工业。

七、建设京津塘及华北东北生态屏障项目。该项目可列为国家级的重点建设工程，且需要京津冀辽吉黑等受益省市的联动。项目可分三个片段：一是乌兰察布、锡林郭勒和呼和浩特包头片段，重点是退耕还草还林转移农业人口。其重点是阴山、大青山、狼山北麓全面禁农，转移生态脆弱区内的人口。其中的固阳、武川的农民由呼和浩特、包头消化。四子王旗、察右后旗、察右中旗、化德的农民整体迁移至兴和、丰镇、凉城一带，将丰镇、兴和、凉城整片规划建设成为我国最大的无公害（绿色的）菜篮子基地、中国最大的集约化农牧业生产基地和北京、天津、大同、太原的后花园。调整乌兰察布市的经济发展方式，将其发展重心向长城一线靠拢，停止乌兰察布市新区建设，将乌兰察布市政府搬迁到兴和或丰镇一带，引导乌兰察布的人口向南线转移，以缓减北线的生态压力。二是阿拉善、巴彦淖尔片段，重点是恢复额济纳河绿洲，保护胡杨梭梭林，恢复巴盟后三旗的生态。三是赤峰、通辽、兴安、呼伦贝尔片段，重点恢复天然湖泊河流和湿地，保护地下水资源，退耕还林木草，恢复生态。呼伦贝尔市和兴安盟北部全面实现禁农。正确处理通辽、赤峰市的农田灌溉与地下水位急剧下降枯竭的矛盾，适度控制水浇地的面积，积极发展养殖业。

阿拉腾敖其尔　2008 年 11 月 18 日

关于加强对我区上市公司
管理工作的三点建议

岳福洪副书记并呈乌云主席：

我区企业股票上市工作起步晚，但发展较快，目前在深、沪两市上市的有 20 多家企业，从规模和数量看在全国处于下游状态。历经十多年的发展，有些上市公司的发展势头越来越好，其实力和扩张能力日益壮大，而有些上市公司已处于日落西山，甚至到了离倒闭只差半步的地步。为此，提以下几点建议：

一、自治区政府应从战略的高度认识上市公司的管理问题。上市公司是我区经济建设的排头兵，是我区进行现代企业制度改革成果的体现，也是我区企业在国内外市场和众多股民心目中的形象所在。因此，我区上市公司的健康发展问题对我区经济发展影响极大，不可忽视。各级政府应该对自己所管辖范围内的上市企业不仅要提供各种扶持政策，而且要加强管理，经常开展调查研究工作，及时发现问题，帮助企业解决难题。

二、自治区应着手建立一整套的上市企业监督管理体系，进一步健全对上市公司的调控机制。股市是一种虚拟经济。目前，我国上市公司鱼龙混杂、跑马圈钱、弄虚作假、欺骗股民、欺骗政府的现象普遍存在，而我国金融证券管理部门对股市和上市企业的管理工作滞后，造成了很多隐患。今后几年可能要出现一批上市企业纷纷倒闭，引发中国股市的震荡，亿万股民躁动，形成社会动荡和不安定。因此，作为自治区政府，不要等待中央的指令，要极早动手管好自己的上市公司，尽量避免出大问题。

三、**我区目前要密切关注宁城老窖、民族商场、金宇、宏峰等几家弱势企业，帮助这些企业渡过难关。**据我从侧面了解，宁城老窖集团离倒闭只差半步。一是该集团决策层面出了问题，形不成工作合力和有效决策。二是该集团的管理程序、运行体系处于极度混乱，其管理体系和机体已处于缺胳膊少腿的状态。三是该集团的经营方向模糊，缺乏核心竞争能力，没有找到新的利润增长点。近几年国内白酒行业处于春秋战国状态，宁城老窖的传统市场一块接一块地被后起之秀分割，宁城老窖已被迫"走麦城"。这两年该集团开展了多种经营，可是至今没有找到更好的突破口，未形成新的利润增长点和核心竞争力。四是从资产负债、损益、现金流量三表的角度分析的话，该企业的不良资产比重越来越大，资金难以回流，流动负债能力趋弱，企业的正常运转出现了大问题。讨债者车水马龙，业务骨干带着市场（客户）纷纷私奔。鉴于此，我建议自治区和赤峰两级政府尽快赴宁城老窖集团进行深入细致的调研，拿出一个可行的解决问题方案，力挽该集团所面临的危局。

以上建议，仅供参考。

阿拉腾敖其尔　2002 年 10 月 21 日

关于引导我区优势企业
争夺国内外市场的建议

乌云主席：

　　近日我受吉林省协作办的邀请前往长春、扶余、双辽等地区进行了一次调研，所到之处都面临着一个农业产业结构的调整和粮食作物的转变化增值问题。吉林省的粮食今年大丰收，国家只从农民手中以 0.47 元的价格收购七成，其余的不管。沿途的农田里到处是玉米垛，很多地方玉米秸秆还在田里立着。我与扶余县县委书记、县长一班人进行了一次座谈，他们对本县的农业产业结构调整和粮食转化问题十分头痛，前几年办了诸如肉食品加工厂、乳品厂、酒厂等几个厂子，现在全部垮掉了。他们也动员群众搞过养殖业，但是因没有龙头企业的牵动，最终还是没有形成气候。他们让我给他们出个点子，看怎么办？我以思路、政策、干部、服务四到位为主线给他们搞了一个策划。并将突破点选在走生态农业之路，发展绿色、有机、高科技农产品和养殖业，引进外地的农畜产品加工企业。他们对我的策划很感兴趣，如在干部到位方面，他们马上准备组织几百名乡村干部到沿海发达地区挂职打工。引进外地企业方面，他们请求我将内蒙古伊利、蒙牛、兴发、蒙古王等企业引到那里办厂，他们从信贷、土地、税收、组织农户等方面给予最大的优惠，甚至将现有几个企业无偿赠与。我到双辽县之后，他们把我拉到一个新建的肉联加工厂，其厂区之大、设备之先进、出口检验手续之齐全让我很震惊。他们欲将新建的6000多万元的厂子以不足五分之一的价格转让。这次吉林省之行给了我以下几点启示：

一、我国的经济建设已步入了市场经济时代，没有市场就没有经济，再好的资源、再好的产品、再好的机器设备，如果叩不开市场的大门，将寸步难行，最终的结果是举手缴械投降。今后，自治区在项目投资定夺上，要从以资源导向型向以市场为导向转变，没有市场就不能轻易上项目，更不能盲目开工投产。

二、实践证明，过去自治区党委确定的名牌推进战略的选择是十分正确的，对待名牌问题，也要转变观念，政府的着力点应该从培育阶段，尽快转变到引导优势企业和名牌产品开拓市场之上。我区的宁城老窖、蒙古王、山丹毛线都属于名牌，但是现在逐渐被市场打回老家了。对其他名牌来说，也是一样，如果不及时进行扩张规模和拓展市场的话，最终也要走麦城。政府在名牌产品问题上，不仅要动嘴，而且要动手，动手的关键点在于提供必要的信贷支持、税费的减免和提供服务之上。目前，我区除了几家羊绒企业经过十几年的苦战占据了国内外羊绒产品市场的上风之外，其他诸如伊利、蒙牛、草原兴发、蒙古王、宁城老窖、河套王等农畜产品加工企业的境况并不轻松。我国乳业和肉食加工业已进入战国时代，中国十几亿人口的乳制品市场已成为众多国内外厂家攻略的新战场。我区的郑俊怀集团、牛根生集团和张振武集团举着"伊利""蒙牛""草原兴发"等几面大旗，从松花江平原到青藏高原、从内蒙古草原到沿海的960万平方公里的大地上，与国内外的几十家集团军，正在杀得难分难解，其战斗之惨烈，其场面之大，实属中外罕见。如果"伊利""蒙牛""草原兴发"被打回老家的话，我区从西到东构筑的乳业扶贫、乳业致富的产业链将全线崩溃，其后果将是上百万的养牛专业户受损。因此，我建议自治区政府和各盟市旗县应该大力支持我区名牌产品的扩张问题，为他们提供更多的服务，千万不可奉行竭泽而渔的政策。

三、要关注人力资源的基础设施建设问题。目前我区物质、科技的基础设施正在逐步完善，但是人力资源的基础设施的建设问题难度较大。其中，特别是企业家和企业中层管理人员队伍的建设任务十分艰巨，技术工人也缺一大块。一个地区的经济发展，优势企业和名牌产品的扩张都需批量的优秀管理人员，市场的争夺本身就是人才的争夺，市场的开拓离不开企业家和优秀的中层管理人员。对这一问题我给自治区领导建议过多次，但是一直没有引起重视。扶余县几家企业的倒闭，双辽市肉联厂的难以启动，问题的根源就是缺优秀的企业管理人才。这一问题应该引起自治区领导的重视。另外，农村牧区产业结构的调整，没有一批优秀的村嘎查长队伍的话，也是寸步难行。如扶余县就面临着这一问题，我区更是这样。

四、建议今年年底或明年年初由自治区政府组织召开一次"自治区优势企业暨名牌产品工作会议"。一是听取各个企业所面临的问题和今后的打算。二是自治区政府新出台一个培育名牌、推进名牌、保护名牌方面的配套政策和措施。三是拿一个培育一批新名牌、抢救一批旧品牌方面的规划和措施。四是大力宣传名牌，在自治区范围内从上到下、从干部到群众、从城市到农村，形成保护自己的名牌、热爱自己的名牌、扶持自己的名牌的风气，并对开创名牌产品的企业家给予记功嘉奖，树碑立传。

以上建议，仅供参考。

阿拉腾敖其尔　2002 年 11 月 16 日

关于草原畜牧业现代化问题

乌云主席：

　　草原的生态恢复和建设问题，牧区的道路、电网、通信和水利设施建设的问题，牧区产业结构和畜牧业产品结构调整问题，牧民的物质文化生活质量问题，畜牧业生产手段的革新问题，畜牧业抗御自然灾害能力的提高问题，等等，都是畜牧业现代化发展过程所遇到和必须解决的问题。我认为，应该把草原畜牧业现代化作为我区西部大开发的战略重点，这既符合中央的意图，也是从我区实际出发的一种选择。为此我建议：

　　一、认真总结这几年自然灾害对我区畜牧业生产带来的影响，提出切实可行的对策。

　　二、召开一次牧区工作会议，提出实现草原畜牧业现代化的时间表及应对措施。调整有关政策，并且从源头上解决畜牧业和草原的投入问题。

　　以上建议，请参考。

　　　　　　　　　　　　阿拉腾敖其尔　2001 年 8 月 21 日

关于锡林郭勒盟应该选择
适度开发战略的几点建议

储波书记并乌云主席：

在西部开发的热潮中，像我区锡盟这样的边境牧区究竟怎么开发，应采取什么样的开发战略？自治区党委以开放驱动战略，是否切合锡盟实际？是个大课题，需要我们认真探索和总结。围绕上述问题，我提几点建议。

一、要正确认识锡盟的实际。按毛泽东同志的国情决定战略的观点看，锡盟最大的盟情有以下几点：一是地处祖国北部边疆，有一千公里的边境线，守土固边、反渗透的任务繁重。二是十二个旗县中有九个牧业旗市，有20万牧民和18万平方公里牧区，草原生态脆弱，沙化、退化和荒漠化面积逐年扩大，难以遏制。三是锡盟属京北第一大盟，地处京津唐生态屏障，拱卫京津唐沙尘源的任务艰巨。四是锡盟南部有三个旗县约50万农民生活处于贫困线之下，扶贫脱困的任务艰巨。五是锡盟基础设施建设滞后，工业门类不全，没有形成自己的市场辐射中心。六是锡盟草原特色的旅游资源丰富。

从上述情况看，目前锡盟不具备大开发、大驱动的条件，如果违反客观规律，继续盲目推进以开放驱动的战略，其后果只能是事与愿违。在这片热土上，六十年代我们犯过粮食自给的错误，七十年代犯过改造"长脖子老等"的错误，八十年代犯过否定"念草木经"的错误。其后果是，草原处处开垦、处处人烟、处处羊群，最终人、畜、草失去平衡，大面积的荒漠化出现在人们的眼前，5—6 级甚至 8—9 级黄毛风从春天刮到冬天、从草原刮到北京天安门。上个世纪六七十年代上马的工业纷纷落马，国营集体商业网点全军覆没，留下了十几万下岗职工。近几年艰难地进行招商引资，来了一些开矿、造纸、种草企业，其结果是既收不上税又造成污染，搞得牧民进京上访。开矿的民工自己动手不说，又从家乡引来成群结队的农民到处挖药材、搂发菜，生态继续遭到破坏。而引来种草的企业，翻了湿地不种草又种了粮食，草原开垦面积继续扩大。去年 8 月锡盟召开那达慕暨招商洽谈会之际，我办从沈阳拉了 40 多名投资商到锡林浩特，结果人家只待了一天就跑回去了。他们的结论是：此地又热又刮风，路途遥远，交通不便，产业没有形成关联度，又远离市场辐射圈，搞工业成本太高，搞商业没规模，除非那些被内地淘汰掉的污染企业和淘汰设备来此安家。去年到今年，我办连续两年参加了锡盟的招商活动，看到盟里的党政领导十分辛苦，其招商引资之战打得非常的艰难，成效还不大。由此，我认为像锡盟这样的牧区，目前还不具备大招商大开发的条件，锡盟的开发应该走出切合实际的路子，如果把经营城市的理念导入到草原的保护利用增值的范畴之中去权衡利弊的话，我们今天把锡盟的乌拉盖、巴音锡勒、阿巴嘎这样的典型草原，不去开发建厂、不去开垦，能够完整地保存下来的话，我们就等于建了几个绿色的银行，再过 30—50 年其增值额度，远比开发建厂要翻几番。因此，对草原的保护，就等于是最好的开发和投资。

二、锡盟应该选择适度开发战略，走牧区特色的经济建设之路。适度开发战略的中心任务有三点：一是守土固边，确保一千公里边疆的社会稳定，处理好各种民族关系。二是保护草原，防风固沙，确保草原生态平衡，构筑京津生态屏障。三是围绕解决 20 万牧民的生计和 50 万农民的脱贫解困问题，调整农牧业产业结构，发展生态畜牧业、生态农业和草原特色的旅游业。围绕三大中心任务，近几年应组织实施以下几大战略工程。其一，认真组织实施守土固边工程。近几年，国际局势日趋紧张，边境地区渗透与反渗透斗争一天比一天复杂。守土固边，确保边疆繁荣，社会稳定，民族和睦，这是党中央、国务院赋予锡盟广大干部群众的神圣职责和艰巨任务。守土固边的关键是安民心，坚定边疆牧民的向心力。目前，在锡盟边境地区可能存在两个问题：一是关于牧民的生存空间问题。"文革"之后，有不少内地农民挤入边境地区，立脚之后，与当地的牧民争夺生存空间，引起牧民的怨恨和不满。二是改革开放以来，中央对边境牧区的政策实惠越来越少，很多边境地区的牧民二十多年来根本没得到任何照顾，加之草场退化、灾害连年、繁重的税费和沉重的子女教育的负担，使他们渐渐地对党的感情越来越淡化了。所以，摆在锡盟党政军面前固边守土、安定民心的任务艰巨、工程浩大，需要认真对待。其二，实施以解决20万牧民生计问题为主线的发展生态畜牧业和实现牧区现代化的工程。草场退化了、人口多了、牲畜少了，20万牧民究竟如何过日子，用啥培养孩子读书？牧区的水电路等基础设施还处于70年代的状态，牧民的生产手段还处于原始的手工操作阶段。祖国内地的现代化一日千里，经济面貌日新月异，而地处祖国边陲的牧区的现代化问题嚷嚷了几十年，还处于纸上谈兵、原地踏步状态。这些现状都是摆在锡盟各级干部群众面前的严峻课题。牧民的生计、牧区的生态化、牧区的现代化，任重道远。其三，组织实施构筑京津生态屏障的战略工程。目前，围封转移的试点工程已启动，这种做法是否适合牧区实际，牧民转移之后，生计怎么安排？这些都是难题。通过"围封转移"生态恢复之后，牧民回不回原地，怎么回？回去以后，会不会出现再次的荒漠化？这些都是关系恢复生态、牧民生计、民族政策的新课题。又如"围封转移"之外，其他地区的植树造林，恢复生态的工程怎么办？钱从哪里来，只靠国家投资行不行，如果实行谁投资谁所有（或管理）的政策，其属地的牧民怎么办，让他们去哪里，他们又愿不愿意去？牧区能不能也享受退牧还草还林政策？这些都是难题，也是一种挑战。其四，组织实施以旅游兴盟战略工程。目前锡盟最具开发条件和开发价值的资源恐怕就是旅游资源了。锡盟应该做好草原特色旅游业这篇文章，把旅游业确定为兴盟富民的战略产业，进行整体规划，分步实施，全力以赴。其五，近五年之内，连续每年组织30万民工进关打工。除了考虑20万牧民之外，锡盟南部的50万农民要吃饭，要脱贫，怎么办？组织民工进关（内地）打工是个出路。这既能解决吃饭问题，还能进行原始积累和观念更新，形成脱贫致富的造血效应。这正是锡盟对外开放的重头戏。其六，以调整农业产业结构为主线，打造京津唐绿色菜篮子工程。除了组织民工进关打工之外，锡盟南部三个旗县，退耕还林的同时，应该抓紧调整农业产业结构和产品结构，发展农区畜牧业，实现北育南繁的连动效应。走生态农业之路，大力发展绿色有机蔬菜，打造京津唐绿色菜篮子工程。

总之，我认为锡盟这样的牧区应该把工作重点转移到边疆的社会稳定，草原的生态平衡，解决好农牧民的生计问题上来。从自治区党委政府的角度对锡盟不要过分强调他们引多少资、办多少企业、创多少利税，更不要压财政自给的担子。作为锡盟能守好一千公里的边境线，做到边疆安宁、民族团结，本身就是对中央和自治区的贡献；再把草原保护好，构筑好京津生态屏障，对祖国的贡献就更大了。中央的转移支付资金应该向锡盟这样的边远牧区倾斜，对边境牧区和典型草原严禁乱开发、严禁新的人口涌入，对牧民实行休养生息、轻赋税政策，并对牧民看病就医、子女上学就业，应该提供照顾。中央给内蒙古的民族政策性的资金和国债资金、畜牧水利资金、扶贫款项，应该向牧区的基础设施和现代化建设倾斜。最终达到以政策换民心，以政策稳边疆的效应。党的民族政策、国家和自治区的扶持，是锡盟这样的边远牧区发展的关键。

以上建议，仅供参考。

阿拉腾敖其尔　2002 年 9 月 27 日

关于西气东输问题

乌云主席：

据悉近日乌审旗又发现了大型天然气田，这是好事。我认为西气东输进东北三省和朝鲜半岛，是一条出路，也是一项十分可行的利国利民的大工程。为此，提几点建议，请参考。

一、西气东输的可行性。一是西气东输的重点是辽宁、吉林、黑龙江和我区的东四盟。辽宁有 14 个比较集中的大中城市，吉林和黑龙江也有 20 多个，这三省又是我国重工业基地和耗能大省，天然气的需求量巨大。这一举措对辽宁、吉林和黑龙江来说，如雪中送炭，将极大地缓解这三省的城市供暖、城市污染、工业动力和民用热力之压力。二是随着沿海的发展和西部开发的加快，中央下一步将要扶持东三省这一中国工业的装备制造和冶金、化工基地，因为它是中国工业的脊梁，也是重要的战略资源。西气东输正好帮了中央的忙，替国家分了忧，缓解了老工业基地能源短缺状况，降低了国家扶持老工业基地的成本。所以，对这一工程中央会大力支持的。三是西气东输对我区锡林浩特、赤峰、乌兰浩特、通辽及周边旗县带来热能和动能，对当地经济发展和生态环保产生积极的影响。同时将为我区的资源输出地创造巨大的经济效益和社会效益。

二、西气东输的实施步骤。一是将西气东输工程纳入三省一区的协作规划，建立"三省一区西气东输工程指挥部"，工程指挥部的主要职能是协调解决工程实施过程中出现的问题。二是组建"西气东输股份有限责任公司"，除三省一区的企业参股之外，引进其他省市区的企业和国外财团加盟。这样从规划到施工、从建设到竣工之后的经营管理，全过程实行项目法人制管理。三是西气东输的前期准备工作，包括组建工程指挥部、组建股份公司、规划设计、备料订货、征地补偿、确定终端客户、资金筹措、管理系统的建立等项工作争取明年3月份之前完成。5月初，从乌审旗至辽宁的主线管道工程和辽宁、吉林、黑龙江境内的分线到户工程分头开工同时并进，争取明年10月中旬完工，明年11月1日起试气并进入送气阶段。

三、西气东输的线路。一是西气东输的线路应选择集通铁路线为佳。其地理结构平坦、管道运送便利，对今后输气管道的管理也十分便利，另外能顾及我区的集宁、锡林浩特、赤峰和通辽等市和旗县。二是进辽宁的分线从大坂至赤峰线走，然后再从赤峰进朝阳、锦州、盘锦、辽阳、沈阳。三是进吉林的线从通辽到四平、长春。四是进黑龙江的线路可以从乌兰浩特或从长春进。五是进朝鲜半岛的线路可以从丹东过鸭绿江，进新义州、平壤、开城和汉城。

四、西气东输的投资问题。据粗算西气东输工程的主干线的投资需要 350 亿元人民币。另外，辽宁、吉林、黑龙江三省范围的投资各需 50 个亿不等。这样共计总投资 500 个亿左右。我认为 500 个亿资金的筹措问题并不难。其中 1/3 款项可从国外引资，1/3 从国内募集，1/3 三省一区范围内的企业入股。另外，还可上市募集。

阿拉腾敖其尔　2002 年 6 月 18 日

关于组织贫困地区农民
外出打工的问题

储波书记并乌云主席：

现将黑龙江日报登载的"绥化：走出 40 万农民"的一条消息呈送，我认为很有参考价值。有关组织民工到发达地区打工的问题，去年我给薄熙来同志写过建议，今年 1 月 29 日又给乌云主席写过"关于组织三百万民工进发达地区打工的建议"，在给乌云主席的建议中谈了几点操作方案，后来听说乌云主席将该建议批给了自治区劳动社会保障厅，但至今不见什么大的动作。另外，今年 9 月 27 日给储书记的"关于锡盟在对外开放中应采取适度开发战略的几点建议"中也提到了组织锡盟南部 30 万农民进关打工的问题。鉴于此，我再次建议：

一、把组织农民外出打工及劳务输出工作摆到自治区重要议事日程，作为我区对外开放和扶贫脱困的一项战略举措来认识问题。目前发达地区劳务市场空间相当大，光珠江三角洲一带每年至少需要 300 万—400 万的外来劳务人员，而我区对口支援单位北京市每年也需要近 200 万人。从对外开放和招商引资的角度讲，只要出去一个打工者，就等于引资一万元，出去百万人，就等于引资一百个亿。而且能产生"出走的，留下的，双赢效应"。从脱贫和生态建设的角度讲，它即能解决物质生活方面的贫困问题，还能改造农民的思想和观念，同时也是贫困地区发展经济，所要进行资本原始积累的一种很有效的手段。另外，对退耕还草还林、治理生态，解决生态平衡问题有互动效应。对此，各级党委政府应形成共识。

二、采取强有力的措施，从自治区到盟市旗县乡镇村嘎查层层落实任务，层层拿出具体的操作方案，层层抓落实。首先，盟市旗县乡镇负责人带队外出打工。并以村嘎查为单位组成外出打工的民兵排连，由村长支书挂帅出征。自治区盟市旗县各有关部门搞好前期采点订合同工作和后续的劳动权益保护等项服务工作。其次，我区越贫困地区的农民惰性越大，也许是属驴的，就得用毛泽东讲的那种"前面拉，后面推"的办法把他们从那个穷土窑子撵出来，到发达地区干活闯荡去。"前面拉，后面推"就得有配套政策，否则，收效不大，也就是找好工作，订好合同之后，他们也不会出去的。有关这一点，我给乌云主席的建议中提过，这里不再重复。总之，自治区党委政府应该积极组织策划这一具有战略意义的大工程，越早动手越好。现在秋收马上完毕，应该动手了。

　　以上建议，仅供参考。

　　　　　　　　　　　　阿拉腾敖其尔　2002 年 10 月 9 日

关于制止开垦草原湿地的报告

周德海副主席并报乌云主席：

4月30日—5月3日，我在科右中旗调研过程中发现一处继续大面积开垦草原的现象。其规模之大，其机械化程度之高，令我惊心。现将有关情况报告如下：

时间：今年5月1日。

地点：科右中旗西尔根苏木嘎旦扎拉嘎查（距旗政府所在地20公里）。

开垦者：黑龙江喀山农场。

面积：6000—8000亩。

地理特征：典型草原，黑土质湿地。

开垦工具：7台75马力拖拉机。

因由：嘎旦扎拉嘎查为了上电，将6000亩草原湿地无偿转让给黑龙江喀山农场开垦12年。条件是喀山农场给该嘎查拉三相电（约4公里）。

后果：①湿地一经开垦，过三至五年之后，其周围3万多亩荒漠草原很快会失去生态平衡，其沙化速度将加快

3—5倍。②湿地一经破坏，就很难恢复。这6000亩湿地属黑色黏土地质，有机质达70公分，无碱性，优质牧草平均一米高。这样的湿地需要近千年才能形成，我走遍内蒙古从未见过这么好的湿地（草滩）。

建议：请政府行政干预，立即停止开垦。依照草原法，法办当事人。据了解科右中旗目前还有1/3的嘎查没通电，自治区农网改造项目为什么不能惠及该地区。据我观察，科右中旗的基层嘎查牧民集居现象很普遍，一个村（屯子）有几十户，村与村之间的距离约几公里。其实拉三相电进嘎查（村、屯子）的投资并不大（这比起锡盟牧区好办多了），国家投资（或贷款）一块，牧民集资一块，就可以解决此事。这里有这么大面积的草场被开垦，当地党政干部是怎么贯彻自治区和国家的有关文件、法规的？有禁不止，该当何处？

另外建议：请自治区今年召开一次牧区工作会议，集中研究部署牧区的基础设施建设、生态恢复、抗灾救灾、草原畜牧业现代化等问题。1991年之后，已有10多年没开这种会议了，在西部大开发之际，应该尽快召开一次这样的会议，解决一些实际问题，同时向国家要一些政策和投入为宜。我认为牧区问题是我区参与西部大开发的一个着力点，该点事关生态建设、民族团结、边疆稳定和牧民脱贫奔小康。

特此报告。

阿拉腾敖其尔　2001年5月4日

关于锡林郭勒盟灾情的调研报告

乌云主席：

前两天我回沈阳时，路过锡盟看了看灾情，走了六个旗，行程一千多公里。现将有关情况汇报如下：

一、关于对灾情的再认识

（一）这次雪灾可以讲百年不遇，是 1977 年那次的几倍。其特点：一是面积大，宽约 300—500 公里、长约 2000 多公里。二是积雪深，普遍达 40 厘米以上。三是雪加沙子形成坚硬的板结块，再过一个多月将转化成典型的"铁灾"。四是方圆几百公里都是厚度相均的雪，无法倒场出牧，畜群彻底被围困。我从东苏旗到东乌旗、从东乌旗到西乌旗和林西县，一千多公里的路途中未见一处出牧的羊群，也不见炊烟。

（二）抗灾工作难度大，进度缓慢，地方政府力不从心。我从锡林浩特到东乌旗三个多小时的路途中，遇着拉草料的车辆 11 台，拉死牛、死马、死羊的车 15 台。听说一捆草料 30 公斤，一只羊只能吃二十天左右，对有几百上千只羊的牧户来说一车草几天就用完了，况且还拉不进去。因此，用这种速度送草料只能是杯水车薪，解决不了根本问题。目前，多数牧民已采取放弃大牲畜，只保部分基础母畜的策略，这样损失就可想而知了。

（三）从草原的季节看，抗灾的重头戏还在后头呢。从白灾到"铁灾"，再到青草露头，还需要三个月左右的时间，扛过这一漫长的春天需要做的工作很多，任务十分艰巨。目前灾区燃料食物极度短缺，据说近三分之一的牧户已断炊，一天只能吃一顿饭茶了；有三分之一的也只能维持半个月或二十天。另外，不少牧民冻伤得不到治疗、患病就不了医，加之死亡的牲畜即将消化，有可能出现人畜交叉感染的疫情。

（四）因交通联络中断，一些偏远地区的牧户已被大雪围困，从一月初到二月底已近两个月了，这些人家，究竟如何，谁也不得而知。听说东乌旗2月14日才打通了从旗里到苏木的路，而西乌旗的有些苏木还未通呢。可是草原上成天刮着白毛风，这些所谓打通了的路子，今天通了明天又被阻断了，所以，只能是走一次开一次路。而苏木与嘎查之间以前就没什么路，因此也谈不上通不通了。

总之，这场雪灾对我区草原牧业造成了重创，给牧民带来了10年左右难以翻身的灾难，重灾区的大牲畜死亡率将近70%以上，小牲畜将达50%—70%以上。很多牧民将返贫或变为赤贫。因此，抗灾工作需要加大力度。否则，后果不堪设想。

二、几点建议

（一）主席三月初赴京开会期间，请向党中央、国务院如实汇报情况。一是争取中央更大的支持。二是通过中央的协调，争取从北京军区、沈阳军区调用 500 辆军用卡车开赴救灾前线，把燃料、食品、医护人员和草料送到偏远的牧户，或者在会议期间自治区代表团不妨去拜访解放军代表团，向他们进行求援。三是在两会期间自治区代表团在北京搞一次灾情新闻发布和受捐仪式，争取港澳台同胞和大企业、大财团的捐助。这次的雪灾已超出了自治区的承受能力，多做宣传争取外援是十分必要的。

（二）急需要加大抗灾投入。一是建议将国家下拨我区的 2001 年度、2002 年度的扶贫资金、农业综合开发资金、以工代赈资金和民族支发资金等款项全部用于灾区。二是给灾区牧户建立专户加大贷款力度，鼓励他们买草买料。三是组织河北、山西、辽宁、吉林、黑龙江一带的牲畜贩子进牧区收购牲畜或以草换畜。四是给区内的食品加工企业加大贷款力度，鼓励他们到灾区收购牲畜和育肥出栏。五是将去年国库划转的 80 多万吨玉米，按 0.42 元的成本价全部调往灾区使用，不许粮库再往外地调售或加价。

（三）当前救灾工作要把救牲畜和救人的事放在一起抓。一是要把救人问题摆在首位，争取三月中旬之前，打通与牧户之间的联系，将必需的燃料、食品和药品供应上去。

卫生部门应组织 100 个医疗队尽快赶赴灾区。教育部门研究灾区学生费用的减免问题，不能出现因灾辍学问题。二是重灾区每户必须到位 30000 斤草、3000 斤饲料和 300 斤米面。

（四）要把紧急抗灾和恢复生产工作结合起来一揽子布置下去，做到领导责任、工作任务、时间表和配套措施四落实。一是自治区五大班子领导带队，组织自治区各委办厅局紧急出动，赶赴 20 个重灾旗县，实行对口救灾、恢复生产。二是呼市、包头、伊盟各提供 2000 万斤饲草、300 万斤饲料、50 万斤米面，对口支援锡盟的东乌、西乌、阿巴嘎旗，争取在三月中旬之前运抵灾区。再出 19 家中直区直企业和自治区 18 家上市公司对口支援其他盟市的几个重灾旗县。巴盟、乌盟的事儿自己解决，实行盟内旗县之间进行对口支援。三是将灾区的部分牲畜有偿调运到其他旗县用以扶贫或发展农区畜牧业。

（五）请自治区今年组织召开一次牧区工作会议。1991 年的牧区工作会议之后，已 10 年没开这种会议了。今天在西部开发之际，借这次大灾的教训，应该召开一个这样的会议，研究草原畜牧业的出路问题和牧区的基础设施建设等项工作。

抗灾历来是一项政治性、时效性很强的工作，也是一项很复杂的系统工程，只有把灾情想得重一点，把措施考虑得周到一些，才不至于乱了方寸，出纰漏。这次灾情无论是对自治区，还是对各盟市、旗县领导班子的政治觉悟、指挥能力和为人民服务的精神状态都是一个考验和挑战，二百多万灾民在那里等待着我们，全社会都在关注着我们。

以上建议，请参考。

阿拉腾敖其尔　2001 年 2 月 17 日

关于改造我区基层医疗设施的建议

乌云主席：

目前我区基层医疗设施的改造方面，欠人民群众的太多了。尤其是 18 个边境牧区旗县和 31 个困贫旗县的医疗设施已破烂到难以正常运行的地步。加之这两年医药市场的放开，众多的江湖门诊、伪劣药店层层包围了旗县医院，更是雪上加霜。这对农牧民的看病就医造成了诸多的困难和极大的负担。因基层医院设施简陋、诊断手段落后、医务水平低，农牧民得一点稍微复杂的病，就得一家几口子拖着一个病人奔波几百上千公里路程，前往大中城市查病就医的现象较为普遍。这样即对救死扶伤不利不说，看一场病，一个家庭甚至一个家族一夜之间就能变为赤贫户。我区农牧区（尤其是边远牧区）因看病就医而变为贫困和返贫的现象极为普遍，这一问题需要引起各级政府的重视。为此，我提两点建议。

一、由自治区计委牵头，搞一个全区基层医疗卫生设施改造的统一规划，并将自治区相关资金捆绑起来，分批分阶段，争取3—5年之内将全区一百个旗县的县级医院（包括中蒙医院）全部改造完。从急救、门诊、住院、器械设备和医务水平都要搞一个统一标准，然后按标准进行统一配套改造。不要今天搞一个设备，明天添一个建筑，搞来搞去钱也花了，事也办不起来。必要时，由自治区政府主席亲自挂帅，成立一个基层医疗设施改造领导小组，进行组织协调该项工程的实施。另外，拿出统一规划之后，向国家有关部门汇报工作，争取中央的支持。

二、利用西班牙政府贷款解决资金短缺问题。目前西班牙政府每年给中国提供7亿美元30年期的优惠混合贷款，其中50%是属政府贷款，50%是出口信贷，两者合在一起，其利率不到3%。政府驻沈阳办事处已与西班牙方面就利用其贷款改造我区基层医院一事进行过多次洽商，他们愿意提供1亿—2亿美元的贷款。1亿美元能改造50家县级医院的设备和器械，其设备能力可达到三级甲等医院水平。我办已拿了一个如何利用西班牙政府贷款改造旗县医院的方案（见附件）。

总之，目前基层农牧民面临着三件大事，一是生产和生活问题，二是看病就医问题，三是子女上学就业问题。其中看病就医，对城市百姓不是个问题，而对基层农牧民来说就像李白诗中的"难于上青天"的大事，因为一得病"上不了青天"就得下地狱。目前，假冒伪劣药品和江湖大夫都已经上山下乡了，老百姓很难吃着真药好药，而江湖大夫成了解放前游荡于牧区的"旅蒙商",到了用一两盒假药换一只羊,用三两个疗程换一头牛的地步。所以,改善农牧民的医疗条件是个大事,也是完善社会保障体系的重要方面,请主席费心。您在自己的任期内,若能将18个边境牧业旗和31个国贫旗县的县级医院能改造一遍,或将此事拍个板,也是功不可没。就像您当年在宣传部工作期间,关心和坚持内蒙古图书馆大楼的建设问题那样,下个决心再办一件好事吧!

　　以上建议,请参考。

　　　　　　　　　　　　　　阿拉腾敖其尔　2002年10月11日

附件：

有关利用西班牙政府贷款
改造旗县医院的实施方案（摘要）

一、西班牙政府贷款情况

2002 年度给中国安排的贷款是 7 亿美元。条件，50%为政府贷款，年利率 0.3%—0.8%，贷款期 30 年（含 10 年宽限期）；另 50%为出口信贷，使用 OECD 统一利率，贷款期 6—10 年。政府 50%和出口信贷 50%相加之后其利率不到 3%，是相当优惠的了。转贷银行，中国银行、工行、建行、进出口银行，这四家银行与西班牙银行签有一揽子贷款协议。贷款要求，当地财政担保，70%—90%的款项采购西班牙企业的设备（其医疗设备比较先进，价格比美欧企业低 2/5，并由中方组织竞标采购）。有关利用这一贷款问题，自治区政府驻沈阳办事处与西班牙方面进行过多次洽谈，西班牙方面有意向我区医疗、牧区的风力发电等项目提供 1 亿—2 亿美元贷款。

二、利用西班牙贷款改造 18 个边境牧区旗医院的操作方案

1. 18 个边境旗旗医院和蒙医院合计约 30 家，每家提供 200 万美元的设备，需要 6000 万美元贷款。200 万美元就等于 1700 万元人民币的额度了，作为一个旗县医院，设备方面可达到三级甲医院的水平。

2. 在安排设备贷款额度的同时，由自治区给每个医院安排 300 万元人民币的设施改造资金。主要用于住院条件、门诊、血库等设施的改造。住院，搞一个 100 张床位的像样的住院处；门诊，搞一个每天能接待 150—200 名患者的门诊小楼；并搞一个血库。设施方面，每个医院安排 300 万元的话，30 个医院共计需要安排 9000 万元人民币（有些医院已经得到改造的可不安排）。其 1/3 的款项即 3000 万元向国家申请支持，或从国债资金、或从扶贫款，或从国防建设费、或由国家计委安排，不管从哪里争取到就行。其中 1/3,即 3000 万元从自治区计委、自治区扶贫项目中安排（因为医疗扶贫是个很重要的项目）。另外的 1/3 的款项，即 3000 万元，由自治区民委安排 1000 万元；余下的 2000 万元由有关盟市拿一半（1000 万元），各有关旗拿一半（1000 万元）。

3. 还贷方案。200 万美元的贷款中，关键是那 50% 即 100 万美元的出口信贷部分的还款难度较大。这 100 万美元需要从第 6 年至第 10 年之间清还（包括利息），如果能把

这100万美元消化掉之后，余下的100万美元用20年的时间还款（其贷款利率不足1%）问题就好说了，由医院自行解决即可。

我认为，从第6年至第10年需要清还那100万美元，由自治区帮助解决20万美元（30家医院承担600万美元），由盟市承担30万美元，由旗承担30万美元，由医院自己解决25万美元。具体办法是：①医院那一部分，每年由旗财政将其营业额的15%提留出来，给另立个账户，有这5—7年的提留，也就能还清25万美元的贷款额了。②旗里承担的那部分，每年从个体私营门诊、药店收取一种基层医疗设施建设费（像机场建设费那样，搞一个土政策），每个旗现在大约有100个门诊和药店，5—7年下来也能收个200万—300万元，这样也不用旗财政过分担心就可解决那30万美元的事。③盟里承担30万美元，像阿盟累计到90万美元、巴盟也是90万美元、乌盟30万美元、锡盟180万美元、兴安盟约60万美元、呼盟约150万美元等，这些数字对进入第十一个五年计划之后的盟市来说也不算什么负担。④自治区的那个600万美元，5年之后也不算什么大数字，好解决。

三、利用西班牙贷款改造31个国贫县县级医院的方案

31个国贫县的县级医院改造方案与18个边境牧业旗的方案基本一样。其中，国家扶贫办支持一把，自治区扶贫口子上的资金向医疗设施改造倾斜一下。盟市、旗县那块多承担一点，自治区计委再安排一块就能解决问题。还款办法，旗县多承担一块，自治区少拿一点，或不拿也能解决问题。因为，这31个贫困旗县人口密度高，医院的收入相对18个边境旗要多几倍，所以还款问题上，医院也能多承担。另外，这些旗县里的个体私营门诊药店较多，其基层医疗设施建设费收取的额度也大，这样对旗县财政也构不成负担。

关于着力发展我区装备制造业的建议

乌云主席：

近日国务院批准沈阳承办中国国际装备制造业博览会，拟于 2002 年 8 月 30 日至 9 月 5 日在沈阳举行。这次博览会由国家对外贸易经济合作部、中国国际贸易促进会、国家经贸委和辽宁省人民政府等单位主办。在我国即将加入 WTO 重要时刻，国务院批准举办这次博览会，旨在进一步贯彻实施对外开放战略，充分利用国家确定沈阳为全国先进装备制造业基地重点城市的有利时机，吸收、引进和融合国外先进技术，促进我国制造业的发展和技术进步，扩大国际交流与协作。

我区包头、呼市、乌海等地的装备制造业有一定的规模，但是处于技术落后、投入不足、市场欠拓等困境。这次沈阳的国际博览会是个机遇，应该抓一下。我建议：

一、自治区应该在明年年初召开一次装备制造工业会议，专题研究我区的装备制造业应对入世和下一步的发展问题。装备制造业是我区传统工业的重要组成部分，不应该放弃，应该抓起来为好。

二、我区的装备制造业的发展，在国内应盯住国家确定沈阳为全国先进装备制造基地试点城市的时机，与沈阳、大连搞好协作，乘其势而有所为；在国外应该盯住德国和日本的先进技术，主动出击到这些国家找合作对象。

三、积极筹备参加明年 8 月份的博览会。届时要两手抓：一手抓项目，一手抓产品推销，争取在这次会上取得一些成果。关键是会前要做好充分的准备工作，会后的后续工作要抓上去。必要时驻沈阳办事处也可以做些工作。

以上建议，仅供参考。

阿拉腾敖其尔　2001 年 11 月 8 日

关于净化党政干部餐饮文化问题

储波书记并乌云主席：

目前，社会上迎来送往，大吃二喝之风日盛，上到首府，下到乡镇村落。值得关注的是，在这种大吃二喝的场面上，盛行着一种与党的风纪、政府形象和公仆风范格格不入的餐饮文化——黄段子。大到厅局长，小到乡村干部，人人以讲几个黄段子为快。而黄段子数落的对象上到中央、下到省区盟市旗县乡镇的领导干部，其内容讲得比禁毁的黄色小说有过之而无不及。我们共产党人应该做精神文明的先锋，应该是为人师表，以身作则。不应该把自己混同于普通的百姓。今天我们一边在宣讲"三个代表""三讲"，一边自己在散布污染党风政纪的下流东西，不知这成何体统。

这种黄段子文化的危害不可小视。首先，它对党风、政纪造成潜移默化式的腐蚀。其次，对社会影响极坏，对群众的文化生活和社会风气，造成错误的导向。再次，无形之中玷污了党和政府的形象。

对上述现象，自治区党委应该引起重视，不能放任自流。应该倡导党政干部工作时间之外，多搞一些有益的文体活动、多读一点书、多钻研一点业务，不断提高自己的理论水平和驾驭市场经济的能力，而不要一下班就泡在酒杯里。

以上建议，仅供参考。

阿拉腾敖其尔　2002 年 9 月 26 日

关于驻外办事处工作创新问题

乌兰巴特秘书长：

目前我区挂政府牌子的办事处有 13 家，另外，香港新源公司也代行办事处职能。其中驻秦皇岛、海南、西安、武汉办事处已名存实亡，驻天津的已并入北京。目前有 9 家办事处的运行状态较好。其中直属办公厅管理的有北京、上海、沈阳三家，属外贸集团管理的有 5 家，属森工集团管理的有 1 家。我在联络处工作期间草拟过几份有关推进驻外办事机构工作的方案，现在又到办事处工作了两年多，所以，对办事处工作较为了解。为此，提以下几点建议。

一、驻外机构是我区对外开放的重要窗口。随着改革开放的深入和市场体系的逐步形成，今后的招商引资工作，将从政府领导带队南征北战转向区域性的经济协作和打阵地战的形式，招商工作将进入短兵相接、精耕细作、一个堡垒一个堡垒攻克的阶段。为此，驻外办事机构地处改革开放的前沿地区，其侦察情况、牵线搭桥、穿针引线的功能十分突出。如驻沈阳办事处在去年信息工作评比第一的前提下，今年重点抓了招商引资工作。经过半年多的努力，我办经手的鄂尔多斯市的伊旗至大柳塔高等级公路建设项目（6.5亿元）、通辽的十万头肉牛项目（1.3亿元）、科左后旗大青沟的旅游开发系列项目、锡盟的生物制药项目（7300万元）、锡盟的兽药厂项目等七八个项目的招商工作进展顺利，到年底60%能见到效益。另外，驻沈阳办事处策划运作的东北经济协作区的事已进入起步阶段。由此，我们深深体会到，充分利用办事处的优势，进行招商引资的潜力巨大，关键是如何进行指导和组织的问题。

二、驻外办事处的工作要形成合力。目前，我区驻外办事机构数量多，管理松散，形不成拳头和合力。我建议，将目前我区驻外办事处划分为四大中心办事处，北京办管华北区（包括天津）、上海办管华东区、广州（或香港）办管华南区（深圳、海南、厦门）、沈阳办管东北区（哈尔滨、大连）。这样政府只留北京、上海、沈阳、广州等四家中心办事处，将驻哈尔滨、大连、天津、深圳、海南、香港、厦门等办事处改为联络处，归四家中心办事处管理。各联络处经济独立，其政务和人事管理由中心办事处统一管理，中心办事处向政府办公厅党组负责。武汉、西安、秦皇岛等三家办事处摘牌子，其债权债务和人员由所属部门自己消化处理。武汉、西安等地需要设办事处的话，今后由办公厅另派。

三、进一步明确对驻外办事处工作的职能职责。在新时期，驻外办事处的主要职能有五个方面。一是招商引资。

二是采集信息。三是帮助区内企业开拓区外和境外市场。四是接待服务。驻外办事处是否发挥作用的关键是强化管理。目前，在办公厅内部对驻外办事处作用问题的认识不一致。有的人认为办事处是计划时期的产物，其职能已过时，持这种看法的人，只是把办事处的职能局限于迎来送往而已。有些人认为办事处挂着政府招牌做买卖，不务正业。这只说对了一半，过去除了北京、天津、上海、沈阳、西安、武汉办事处之外，对其他办事处自治区财政没拨过一分钱，但是他们每年还承担了繁重的政务工作和接待任务，那么他们不做一点生意，怎么生存呢？有些人认为扛着政府办事处的牌子就能做买卖，这也许在计划年代还行，在市场竞争中根本不灵了。生意人，连自己的爹娘都不认，还认你个没权没职的政府办事处的牌子吗？五是有些人认为办事处是个负担，麻烦事多。如沈阳办事处设于 1948 年，50 多年来为自治区的经济建设做了大量的工作，如上个世纪 50—70 年代我区生产资料的 50%、生活资料的 20% 是由沈阳办事处采购调拨的，而当年干工作的人都已经离退休在沈阳，难道自治区就不管了？

总之，我认为这次整顿驻外办事处的重点应该是：一是以北京、上海、沈阳、广州（或以香港）为中心设四个中心办事处，再围绕中心办事处设几个驻外联络处，办公厅只管中心办事处，中心办事处管理联络处。或者只保留北京、上海、沈阳、广州等 4 个办事处，其他办事处一律摘牌子，其债权债务和人员由原主管部门清理消化。二是新出台一个驻外办事机构管理办法，加强办事处的管理。

以上建议，仅供参考。

阿拉腾敖其尔　2002 年 10 月 28 日

【献策薄熙来等省市领导】

薄熙来同志在辽宁工作期间以勤政闻名，我十分敬佩他的工作个性和忘我精神。因此，很愿意为他献策助阵。陈政高省长当年任沈阳市市长期间，我们往来较多，他也是个工作狂，看问题准，出手快，且事必躬行。如蒙牛乳业落户沈阳的过程中，我给陈市长去信七八封、登门拜访几次，他都是亲自出面协调企业所遇到的难题，实在忙不过来时就指定常务副市长李佳或分管农口的李宝权副市长办理。当年我曾感叹：辽宁有这样一批优秀的省长和市长团队，这个地区不发展才怪了呢！

关于辽西发展畜牧业的建议

薄熙来省长：

去年 7 月 8 日我给您转呈了《关于治理辽西的一条建议》，信息处将其题目改为《辽西脱贫应走养殖路，辽宁内蒙携手共发展》。8 月 15 日您批示："请新华细阅。"新华副省长于 8 月 21 日批示："请省畜牧局阅办。阿拉腾敖其尔的建议十分中肯，也是西部发展的一条路子。请你们认真研究，提出一个联系西部实际综合发展畜牧业的方案。"省畜牧局于 9 月中旬找我探讨了两次。后来他们又到辽西进行了认真调研，于 10 月 18 日拿了《关于加快辽西地区畜牧业发展的报告》，我对那份报告提出了很具体的修改意见，10 月底他们将其修改之后，上报了省政府。并从去年年底开始，畜牧局按照省领导的批示精神围绕畜牧业的发展采取了一系列的措施，取得了十分明显的成效。最近我看到《辽宁日报》和《沈阳日报》陆续刊登了辽西的建昌、建平、喀左、阜新、彰武和辽北的康平、昌图、法库等地调整农业经济结构大力发展畜牧业的报道。这是一个很好的开端，应该及时进行总结推广。

我建议近期结合贯彻落实十六大精神，省政府组织召开一次发展畜牧养殖业工作座谈会议。一是总结一下各地抓畜牧业工作方面所采取的措施和成效，抓几个典型，推广几种模式。二是结合十六大提出的小康目标，确确实实把发展畜牧业，走生态农业之路作为辽西、辽北等贫困地区脱贫奔小康的一条途径，调整思路，加大工作力度。三是座谈会议还可邀请内蒙古的"伊利""蒙牛""草原兴发"，上海的"光明"，北京的"三元"和辽宁的"辉山"等畜产品加工名牌企业到会参加座谈，并鼓励他们投资办厂。因为，农民发展畜牧养殖业的积极性与龙头企业的牵动是相辅相成的。尤其是在辽西和辽北需要尽快引进两家大型乳制品企业，以带动养奶牛业和饲料加工业的发展。同时在这些地区搞几个大型牲畜交易市场，便于农民上市交易所需和所销产品。

以上报告，仅供参考。

阿拉腾敖其尔　2002 年 11 月 20 日

关于尽快从体育大省
向体育产业强省转变的建议

薄省长：

我认为做体育文章、发展体育产业，是振兴辽宁的一条路子。理由如下：一是辽宁是体育大省，对辽宁的体育发展水平全国也是公认的，无论从群众基础方面来讲，还是从视线经济的角度来讲，辽宁发展体育产业均有一定的基础。二是辽宁的机械加工工业较为发达，再加西柳服装市场和五爱市场的集散功能，辽宁发展体育器械、体育用品和体育服饰的条件很好，市场潜力很大。三是辽宁有众多的训练有素的下岗职工和廉价劳动力，还有几百个停产半停产的工厂，而体育产业相对而言是一种劳动密集型的产业，也适合辽宁省情。四是体育产业是个朝阳产业，是个关联度大、牵动力强、就业率高的大产业，辽宁应该审时度势，把握机遇，顺2008年奥运之势而为之。鉴于上述分析，我建议：

一、把辽宁建成全国乃至亚洲最大的球类（以足球为龙头）比赛、训练基地。为此，冠名搞几个常年性的赛事，把亚洲以及国际球类赛事的视角聚集到辽宁来。只要有了人气就有市场。

二、每年八、九月份与大连国际服装节相呼应，搞一个沈阳国际体育节暨体育用品博览会，或叫亚洲体育狂欢节，并以沈阳为中心，以浑河南、西柳、五爱等大市场为点形成亚洲最大的体育用品集散地。

三、从辽宁停产半停产企业中，整理出一百家工厂，整合成连锁、虚拟式的体育产品开发园区，专题向国内、国际招商，把那些国际、国内的名牌企业吸引过来，联手发展体育产业。

四、借北京奥运东风之势，积极向北京伸出鼎力相助之手，联手做奥运文章。乘 2004 年沈阳至北京高速列车通车之机，争取从北京分得 1—2 个奥运赛项，以促体育产业进程。

五、设立体育产业风险投资基金，吸引众多国际风险投资基金加盟，为辽宁发展体育产业建造血库。

六、划出绥中、建昌、喀左、兴城等四个县市，着力发展绿色有机食品，在 2008 年之前形成亚洲最大的（运动员）绿色、有机食品供应基地，与绿色奥运相呼应，包干奥运期间的绿色食品供应项目，进而形成国际知名的运动员绿色、有机食品生产加工基地。

以上建议，仅供参考。

阿拉腾敖其尔　2002 年 3 月 26 日

关于治理辽西的一点建议

薄熙来省长：

  我想省长最揪心的事儿，莫过于辽西地区的脱贫问题。我在内蒙古自治区政府工作了十一年，前后在三位主席身边工作过，参与过诸多决策的调研工作。据我所见，发展养殖业是贫困地区脱贫奔小康的一条较为经济的途径，这个产业的综合连带效应很强。首先，它可以就地转化粮食和秸秆，使之增值，使之变成现钱。其次，它可以产出很多有机肥（一头奶牛产20多吨有机肥），反哺贫瘠的土壤，增加农作物产量，减少化肥的投入（给农民又省了一笔开销）。若一个农户养上两三头奶牛，就等于兴办了一座小型化肥厂。三是从内蒙古地区的情况看，一头奶牛年纯收入均在5000元以上（包括牛奶和牛犊收入）。四是牛的粪便沼气化后，可供一家几口烧饭取暖之用，气化后的粪便的质量又提高了一倍，农村烧饭取暖是个大事，农村一口灶一年可烧掉30多吨柴。据我观察越是贫困地区，其植被生态状况越糟，所以解决了农民的烧饭取暖问题，就等于保护了植被，防止了水土流失和生态恶化。因此，辽西的脱贫之道应该着力发展畜牧养殖业为上策。

辽西发展畜牧养殖业的切入点应该从养奶牛着手，而发展奶牛业首先要解决牛奶的收购加工问题。这方面要鼓励辽宁地区的乳制品企业到辽西办厂，另外我建议引进内蒙古的伊利集团或蒙牛集团到辽西办厂和发展奶源基地。这一工作内蒙古驻沈办事处可以穿针引线。因为目前内蒙古的几大乳品企业在当地争夺奶源鏖战正急。

除了发展奶牛业之外，辽西也适合发展育肥牛、"小尾寒羊"、"布尔山羊"和养驴、养鹿、养猪、养兔等其他畜牧养殖业。这些行业的产值和效益也十分可观。以我之见辽西能在发展养殖业的基础上，逐渐形成生态农业、绿色食品和有机食品综合发展的格局，这是根本出路所在。

以上只是我的一孔之见，仅供参考。

阿拉腾敖其尔　2001 年 7 月 8 日

关于发展海洋产业的建议

薄熙来省长：

辽宁有 2920 公里的海岸线，有 266 个岛屿，其面积达 190 平方公里，海水养殖面积达 23.6 万公顷，滩涂、浅海面积达 19 万公顷；有大连港、营口港、葫芦岛港、锦州港等十几个优良港口，其面积达 4 万公顷；有大连、渤海等大型造船厂，海底还有丰富的矿产资源。因此，辽宁发展海洋产业的条件得天独厚，潜力巨大。对海洋我是外行，在这里说两句外行话。

一、从振兴辽宁以及大东北的战略高度，策划以海运为主的港口物流业。在不影响国防安全的前提下，应该把辽宁的十几个大小港口（加秦皇岛）和辽东湾、渤海、黄海进行统一规划、系统整合，建设成为亚洲乃至国际最大的港口物流、贸易、加工特区，以牵动东北经济发展。

二、以大连造船厂、渤海造船厂为龙头，大力发展船泊工业，形成东北亚地区最大的造船、修船、租船基地。同时，在不影响国防安全的前提下，造船业要涉足国际军火竞争。

三、海洋渔业生产应从粗放经营向集约化经营过渡。尽快改变辽宁目前海鲜产品数量多、加工水平低、产品质量差的状况，从保护、利用、捕捞、养殖、加工和市场开拓等环节入手，进行统筹规划、整体开发、综合利用，形成东北亚地区海鲜产品最大的加工贸易中心。

四、以岛屿为依托，利用岛屿与大陆隔离的天然防疫优势，建设我国最大的无病害、无污染的生猪、肉兔、肉鸡、禽蛋出口基地。把长山、石城等大型岛屿进行系统规划、整体开发，建成年出栏 300 万—1000 万头生猪、3 亿—5 亿只肉鸡、3 亿—5 亿只肉兔的大形无病害、无污染的绿色食品基地。

以上建议，仅供参考。

阿拉腾敖其尔　2001 年 9 月 5 日

关于组织十万名干部
到发达地区挂职打工的建议

薄熙来省长：

辽宁发展的关键因素是干部。干部问题除了用人机制之外，关键是思想观念和操作能力问题。解决这两个问题的最佳途径就是把他们派到市场经济发展较快的省市去挂职打工。目的就是洗脑，提高操作能力。

一、人数，一年3万名。其中村级干部1万名，县市（县级）和乡镇干部1万名，省直机关1万名。连续派三年，共计10万人次。

二、时间，今年春耕结束后，马上派出。每人为期半年。

三、形式，放下官架子，低派打工。村级干部到乡镇、民营企业打工，乡镇级干部到村里挂职打工，县市级到乡镇（包企业）挂职打工，省市直属机关干部到县市、乡镇挂职并在企业打工。

四、要求，通过半年的挂职打工，转变观念，洗掉脑子中的计划经济的思维定式和身上的官僚习气，提高驾驭市场和政务操作能力，并广交朋友、结对子、引项目、找路子、学经验。

五、费用，通过打工补缺。

阿拉腾敖其尔　2002 年 3 月 17 日

关于建几个扶贫特区的建议

薄熙来省长：

扶贫问题也是辽宁的大课题，有关这方面我建议将辽宁最贫困的几个县和一两个城区搞成扶贫特区。操作程序如下：

一、机构，精兵简政。具体做法是：特区从原来管辖的市剥离，直属省管；县直管村，特区乡镇级政府全部冻结（不办公）其素质较好的人员下派村里任职，其余的就地退休；加强村级政权建设，提升村级经济运行功能。

二、政策，免税松绑。特区范围内 6—9 年一切税费（包括农业税）全部免除。国内外投资者可以自由进入特区、自由发展产业；特区内的农民自由出迁流动、自由耕作、自由择业和经商办企业。工商、税务、商检等检管部门从基层全部撤出，必要时搞一些流动性指导服务。

三、行政，有所为有所不为。政府的主要任务是基础设施建设、生态环境保护、教育文化、社会治安、医疗卫生、计划生育和民政工作，不直接参与特区范围内的生产经营和市场建设等项经济活动，只是从宏观和微观的角度搞一些整体规划，抓一两个典型，搞几个发展模式，以引导特区经济和社会健康发展。扶贫资金、以工代赈资金原则上全部捆绑起来集中使用，不撒辣椒面。

总之，扶贫工作就像治病救人，普通药物无法解决的重症，就得使用一些特殊治疗手段，必要时也得要用几副猛剂。设特区就是治疗贫困疾病的猛剂和特殊手段。

以上建议，仅供参考。

阿拉腾敖其尔　2002 年 3 月 17 日

关于抓好村长、县长
和企业家队伍建设的建议

薄熙来省长：

毛泽东主席一贯主张，路线和方针确定之后，干部是决定性的因素。从管理学的角度讲，整个决策过程中，最费时的不是决策本身，而是决策的推行。一项决策如果不能演化成为"工作"，则不成其为决策，至多只是一种良好的意愿而已。今天我们贯彻党的路线和方针政策、实施政府的工作思路和规划，就得靠成千上万的干部群众，这里最关键的是村长、县长（包括县级市长、区长）和企业家三种人的作用。因此，这三种人的素质问题事关全局。所以，我建议：

一是抓好村长队伍建设。村长是中国最小的行政长官，可是这批小芝麻官的作用不可小视，他们的思想觉悟、政策水平和驾驭市场的能力，直接牵制着农村经济发展大局。尤其是在市场经济条件下，解决农业和农村的发展问题，关键是干部。目前辽宁有 16192 个村委会，至少需要 4 万名较成熟的村长（包括村级支部书记）及其后备人选。尤其是辽西、辽北地区的脱贫，尚若没有一批干练的村长和村支部书记，那是很难想象的。

二是抓好企业家队伍建设。目前，辽宁有国有及规模以上非国有工业企业 6017 个、外商和港澳台商投资企业 1060 个。而在今后 10 年之内，辽宁经济要想步入快车道，就必须建立一支约 10 万人的能够驾驭市场的优秀企业家群体。其中像海尔的张瑞敏那样的帅才级的企业家 100 名左右，像鲁冠球（浙江）、郑俊怀（内蒙古）那样的将才级的企业家 400 名左右，干练的中小企业家约 20000 名，优秀的企业中层管理人员（包括地区经理）约 80000 名左右。这些人是推进辽宁经济的脊梁，也是辽宁的希望所在。

三是抓好县级干部队伍建设。县是一个相对独立的经济发展区域。因此，县级干部是辽宁干部队伍的中坚，他们的决策水平、操作能力和政治觉悟，将直接影响一个地区的发展问题。目前，辽宁 100 个县市区的约 3000 名在职领导干部及其后备人选的素质问题，是个关键的环节，能把这个链条抓好了，就能达到提纲挈领的效应。

总之，这三个队伍的建设问题，是目前制约辽宁发展的重要因素，也是摆在我们面前的一个重大课题和庞大的系统工程，需要认真加以研究和精心摆布。我认为辽宁的 100 多所党校、50 多所大专院校和 3000 多个中等专业学校，要参与这项工程；辽宁的优秀企业、先进村镇，也要从传帮带的角度参与这项工程。另外，毛泽东主席所倡导的以点带面、抓两头促中间的工作方法很实用，我建议薄省长亲自抓几个村、几个企业和一两个县市的工作，把它搞成自己的联系点（当然不是给他们吃偏饭）。一是调查研究，解剖麻雀；二是联系群众，联系实际；三是抓点带面，培养干部。如果每位省级领导干部、地市级领导干部和县市级领导干部都能扎扎实实抓几个点，那么辽宁的工作就好办了。

以上建议，仅供参考。

阿拉腾敖其尔　2001 年 9 月 5 日

关于开通两趟西行国际列车的建议

薄熙来省长：

我建议尽快从辽宁开出两趟西行国际列车。一是从沈阳—北京—呼和浩特—乌兰巴托（蒙古国）—莫斯科—柏林；二是从大连—营口—沈阳—锦州—北京—太原—呼和浩特—包头—银川—兰州—乌鲁木齐—哈萨克斯坦。每周二趟，旅客列车加挂封闭式的快件托运货车，类似于海运滚装船。这件事的意义和目的有三：

一、加快人流和物流，强化沈阳、大连的商贸流通的中心地位和集散功能，吸引众多的蒙古、俄罗斯、哈萨克斯坦等中亚、东欧、西欧商贾来辽宁采购商品，同时开阔辽宁商贾的眼界，促使他们到国外做生意积累资本。

二、促进辽宁参与国际经济贸易大循环，参与国际竞争，参与西部大开发，拉近辽宁与中亚、东欧、西欧国家之间的距离，促进贸易往来。沈阳及辽宁的机械加工和重工业应该向德国看齐，应与德国接轨，促进两国的企业合作，最终把辽宁建成东方的"鲁尔"。只有设立这样的战略目标，辽宁的工业才有希望。

三、两趟国际专列就是两条国际大通道，这对提升辽宁的国际知名度、扩大开放、参与国际竞争，促进辽宁经济发展，有重大意义。这两趟国际专列的开通，不仅对辽宁，而且对大东北的经济发展，扩大开放有积极意义。而对沈阳铁路局也是有效益的。

四、如果说古代的丝绸之路，促进了东西方的文化交流和贸易往来，那么从中国的东北开出的这两趟列车的作用是可想而知的。这件事涉及铁道部、涉及国际之间的合作，办起来难度要大一点，但事在人为，只要精心操作的话，一定会成功的。对外开放，参与国际大循环，通道少了是不行的。辽宁人不出门，从哪里来的原始积累呢？没有原始积累，又怎么发展地区经济！我们应该想法子把辽宁的商贩赶出去，到外国、外地找钱去。

提此建议，仅供参考。

阿拉腾敖其尔　2001 年 9 月 4 日

关于发展广告产业的几点建议

刘淇市长：

  现将我对北京发展广告产业的一点建议呈上，请参考。

  一、发展广告产业是北京经营城市的一个重要突破口，应该成为北京市的支柱产业。北京是祖国的首都，举国瞩目、世界瞩目，又是 2008 年的奥运城，还逢入世之机，所以，众多国际商家登陆中国，首先得敲开北京的大门，而中国众多的企业走向世界，也得从北京起步。为此，他们就得争夺北京这块风水宝地，而争夺的主要手段之一是广告。因此，北京发展广告产业得天独厚，前景广阔，财源茂盛。

  二、发展广告的主要途径。一是成立发展广告产业的总指挥部，由市长牵头，副市长挂帅，返聘几名有工作能力的二线老同志坐镇，协调有关部门打一场发展广告产业的协同战役。二是拿一个发展广告产业的总体规划和整体策划方案。规划期到 2009 年，规划目标是年产值 300 个亿（年净利 100 个亿）。北京的主要街道、重要建筑物（包括广场桥梁）、四通八达的出入通道，从北京驰往全国各地的车辆

（航班），在京举办的各种会议，广播报刊等各种媒体，均可列为开发广告产业的主要资源，进行总体整合。同时把目前北京现有广告招牌，全部列入规划，进行统一规划，整体开发，服从大局，该拆的拆，该完善的要完善。三是北京市应出台一个带有法规性的规定，举办 2008 年奥运之前，北京的广告全部由政府集中统一管理，利润归政府所有（列入奥运专款），凡驻京单位、企业、个人的楼堂馆所和住宅，都要无偿提供广告之便（2008 年之后，分享成果）。中外广告公司，可通过竞标的形式向政府取得某条街道、某座楼所、某广场景点的广告开发权。还须出台发展广告产业方面的一系列激励和调控政策，以支撑广告产业的发展。要把发展广告产业与 2008 年奥运衔接起来，形成北京人的共识和奉献之动力。

以上建议，仅供参考。

阿拉腾敖其尔　2002 年 3 月 17 日

附件：

北京市市政管理委员会给阿拉腾敖其尔回函

阿拉腾敖其尔先生：

您好，您给刘淇市长的来信已批转我委办复，内容收悉。现就您来信中建议的有关内容答复如下：

一、您在来信中提到的广告一词，实际上主要指户外广告。户外广告近年来伴随着我市改革开放的不断深入确实发展很快，已成为我市国民经济中一门新兴产业，也是城市管理的一项重要内容。城市建设在不断发展，户外广告业也应当有序发展。随着北京申奥成功，户外广告也必将成为国内外商家争夺商机的焦点，因此，您提出的借北京申奥成功开发利用户外广告资源的建议，对于加快我市户外广告审批管理体制改革、发展户外广告产业，具有重要的参考价值。

二、您在建议中提到发展广告的途径问题，目前北京市的基本情况是，户外广告审批管理实行市、区两级管理，市、区两级政府均成立了相应的组织领导机构。其中，市户外广告审批管理领导小组由一名副市长任组长，成员单位有市政管委、市委宣传部、市规委、市工商、市园林等管理部门，其主要职能是行使政府管理职能，因而不宜再成立相应的发展产业指挥部，直接参与经常性活动。但政府可通过制定一些相应的行政法规，对现有的户外广告资源进行重新整合，并通过招投标或竞标方式合理收取一部分广告收益用于补充城市建设经费不足。为此，近年来我市也做了一些积极尝试，并制定了《北京市户外广告设置使用权招标投标办法》。近日，我委又结合您的来信按照市领导批示精神，专题给市政府写了《关于积极推进我市户外广告审批管理制度改革，合理开发利用户外广告资源的报告》。此项工作待取得市领导明确指示后，即可研究进一步落实工作。

三、需要向您说明的是，虽然北京市的户外广告资源具有巨大的市场潜力，但对其资源的开发利用，应当在坚持"规划先行、总量控制、适度发展"原则下进行。户外广告的发展要符合首都的城市性质和总体规划，同时要处理好发展与规范的关系，不能无序发展。以北京市目前情况看，户外广告设置过多、过乱、不规范现象仍大量存在，因此，为迎接 2008 年奥运会在京召开，不断加强对户外广告的整治规范，为其营造良好的环境氛围，仍然是我市户外广告管理工作的一项长期任务。

感谢您在百忙的工作中抽出时间来关心北京的城市建设和管理工作。

北京市市政管理委员会

2002 年 5 月 15 日

关于引进龙头企业发展
畜牧养殖业的建议

陈政高市长：

您好。去年以来陈市长十分重视外地驻沈阳办事机构的工作，而且在几次重要场合强调了外地驻沈阳办事处在"招商年"活动中的作用问题，对此我作为外省市驻沈阳办事处的团长单位的负责人十分感谢，并感到压力很大，总得想法为驻地做一点力所能及的事。为此，提以下一点建议。

一、沈阳市的康平、法库、新民、新城子一带应加快发展畜牧养殖业，走生态绿色有机农业之路。目前沈阳北部的这几个小市县地理位置十分优越，依托沈阳、抚顺这两个一千多万人口的重工业城市的大市场，发展以养奶牛、肉鸡、小尾寒羊（包括布尔山羊）为主的畜牧养殖业，再用养殖业的农家肥发展绿色、有机农产品（以蔬菜为主）调整现有的农业生产结构，退耕还草还林，走生态农业之路的话，可以顺利实现脱贫奔小康的目标。其道理我在这里不多讲了。

二、发展以乳业、肉食品为主的畜牧业养殖业，首先必须有龙头企业来牵动，否则农民的积极性难以调动，调动之后也难以持久。我们内蒙古这两年所倡导的伊利、蒙牛、草原兴发的"公司加基地加农户"的模式很成功，春节之后胡锦涛总书记到内蒙古参观蒙牛乳业公司之后，肯定和赞扬了蒙牛乳业集团所倡导的"强乳兴农，以产业化带动农牧业结构的调整，提高全民素质"的发展思路。例如，2001年下半年我区的包头市引进蒙牛乳业集团之后，去年该市一年之内发展了 7 万头奶牛，仅此一项，全市农牧民人均增收 200 元以上，有的贫困村、困难户一年之内翻了身。今年，包头市确定了到年底全市奶牛存栏数量达 20 万头的奋斗目标。从内蒙古的经验看，只要有龙头企业收奶、提供技术和饲料，每头奶牛年收入可达 5000 元以上，一个农户每年养几个至十几头奶牛是一件很容易的事。

三、我办可以帮助贵市从内蒙古引进蒙牛乳业、伊利、草原兴发等几家名牌强势企业，为发展沈阳的畜牧养殖业做一点贡献。蒙牛乳业集团近期可以选择新民、新城子、法库等地建一个投资 2 亿元的冰淇淋分公司，产品全部销往东北三省。草原兴发集团也可以在沈阳地区兼并 1—2 处不景气的食品企业或粮库，建 1—2 个年销售额亿元以上的肉鸡肉羊分公司。目前，吉林省的双辽市、扶余县、吉林市与我办联系，欲引进"蒙牛""伊利""草原兴发"集团。我办愿意为沈阳做一点事，报答沈阳领导对我们的厚爱。

以上建议，仅供参考。

阿拉腾敖其尔　2003 年 3 月 7 日

附件:

关于 22 日的畜产品加工业
合资合作座谈会有关事项函

尊敬的陈政高市长：

您好！《关于引进龙头企业发展畜牧养殖业的建议》能得到市政府重视，备感荣幸。前一阶段市农发局找我数次，探讨了发展沈阳畜牧业和畜产品加工龙头企业的问题，本月16日市政府第六次常务会议确定了沈阳大力发展畜牧业的战略目标，并通过了《沈阳市畜牧业倍增发展规划》。我看到了这一系列的决策和操作进程，十分欣慰。明天又要召开《沈阳市畜产品加工业合资合作座谈会》，因"非典"因素，内蒙古蒙牛、伊利集团这次未邀请，我已想法让草原兴发集团到会了。

请陈市长在这次的招商会上盯住草原兴发集团，只要盛情和政策到位的话，该集团能为沈阳做两件事：其一，搞一个大型肉鸡生产加工基地；其二，还可搞一个百万只肉羊加工项目。内蒙古蒙牛集团也准备在沈阳投资两个多亿，建一个亚洲最大的冰淇淋生产基地。

特此建议。

阿拉腾敖其尔　2003 年 5 月 21 日

【东北亚经济问题杂议】

东北亚经济合作圈的启动问题，已谈论了多年，可是因为这一地区内的个别国家之间的矛盾和冲突因素，至今未能形成气候，这是一件憾事。据我观察，这一合作圈极具发展潜力，他的启动将改变二十一世界经济发展格局。促进这一合作进程，是我国参与地区经济合作的重要战略步骤。这里选入了几篇有关方面的杂议，是作者近年关注这一问题所得。

关于朝鲜经济体制改革问题的思考

一、经济体制改革要坚持五项基本原则。一是坚持社会主义道路。改革是社会主义制度进行自我修复、自我完善、自我发展的必要的过程，是调整生产力与生产关系的不适应症，加快社会主义革命和建设步伐的一种革命。改革的出发点就是为了完善社会主义制度，最大限度地发展生产力，满足人民群众日益增长的物质和文化生活需求，巩固和发展社会主义革命和建设的成果，为社会主义战胜资本主义，最终实现共产主义创造条件。二是坚持党的领导。改革是一种复杂的系统工程，也是触动各种利益集团、利益阶层的既得利益，并对现行的体制进行伤筋动骨的变革。为此，必须加强劳动党的领导，离开了党的领导，改革的任务难以完成。三是改革要坚持马克思主义、坚持主体思想的指导。金日成同志的主体思想是朝鲜人民争取解放、争取独立、争取社会主义革命和建设的实践中形成的理论体系，是马克思主义与朝鲜革命和建设实践相结合的产物，是国际共产主义运动的宝贵财富。过去朝鲜人民在这一主体思想的指引下取得了革命和建设的伟大胜利，今天的改革实践更离不开主体思想的指导。意识形态的独立，政治自主、经济自立、国防自卫的思想，对任何一个走社会主义道路的民族和国家，具有十分重要的指导意义。四是坚持群众路线。坚持群众路线是马克思主义政党取得革命和建设胜利的法宝，同样朝鲜的改革也离不开这个法宝。改革的主要目的是解放生产力，提高人民群众的物质和文化生活水平，体现社会主义制度的优越性，那么完成这一任务的动力源也是人民群众，只有把他们的积极性充分调动起来之后，改革进程和目标才能顺利实现。换句话说，改革的目的是为人民群众，改革的力量也在于人民群众。五是改革要从实际出发，走自己的路。国际共产主义运动的现状、当前朝鲜经济发展所面临的问题，就是最大的实际。朝鲜的改革不能离开这一实际，不能照搬中国、俄罗斯、越南等其他国家的套路。朝鲜的改革要服从朝鲜的国情，服从朝鲜的国家发展战略，应该走自己的路子。

二、**改革要正确处理七大关系**。一是改革发展与稳定的关系。改革的目的是为了发展，发展的前提是稳定，而没有稳定的政治环境和社会凝聚力，改革难以进行，更谈不上发展。二是正确处理民主集中与法治的关系。没有解放思想更新观念的民主气氛，改革就难以健康进展；而这种民主必须是在党的领导下，服从国家意志的社会主义的民主，坚决反对资产阶级宣扬的那种反社会主义的民主。改革的过程中，我们既要倡导民主，更主要的是健全法制，完善各种规章制度，实现改革的有序进展。改革成果是要靠健全的法制体系才能得以巩固。三是正确处理个人、集体、国家三者的利益关系。改革的落脚点是调动广大人民群众建设社会主义的积极性，提高广大农民、工人和干部职工的生活水平。调动群众的积极性，就得保障其多劳多得，把群众的切身利益与集体、国家的利益和生产经营效益有机地结合起来。这里最关键的是分配制度的改革问题，它既要体现个人利益，又需保证集体和国家的利益。分配制度是一杆秤，向哪里倾斜都要出问题。四是正确处理竞争、公平、和谐的关系。改革就是要打破吃"大锅饭"的局面，通过竞争实现按劳分配、多劳多得。对个人是这样，对企业和农场也是这样，都要经过成本核算和各种资源的合理利用，创造更多的财富，并且从自己所创造的财富中切割个人和集体所应得的那块。做到这一点的前提，就必须调整和规范企业内部、企业与企业之间、行业与行业之间的竞争规则，否则就要出现不公平现象，挫伤群众对改革的热情和对劳动的积极性，进而出现社会不和谐局面，甚至出现动荡。社会和谐是国家稳定的基础，社会和谐的前提是社会的分配机制和竞争规则要公平。改革中必须认真把握规则的公平性和机会均等问题，否则就会出事。五是正确处理先富、后富、共同富裕的关系。共同富裕是社会主义的本质要求，但是改革的过程中就要出现一部分人通过合法的劳动实现先富的问题。那么，如何处理先富与共同富裕的关系呢？这里就得按照经济规律办事，鼓励一部分人先富的同时，通过合法的税收来调节贫富差距。同时倡导先富者带后富，实现共同富裕之风气。六是正确处理就业、下岗与社会保障的关系。改革的结果，使企业的管理和经营活动更加科学化，加之有效竞争和技术的进步，使原来十个人干的活儿，现在只用两三个人就可以了，这样企业将出现一批剩余人员，同时社会上继续出现要求就业的新生的劳动力，这两种人得不到就业岗位，就会出现怎么吃饭的问题。为此，改革的过程中，社会保障体系的完善问题必须同步进行，必须尽快创造更多的新的就业岗位。否则，改革的进程将要受阻。七是正确处理引进外资、参与国际竞争与经济自立的关系。经济自立是任何一个国家和民族生存发展的必然选择和基本原则，引进外资的前提必须坚持经济自立，外资对一个国家的经济发展只能起到促进作用，而不能解决实质性的问题。一个国家的经济发展到一定的程度之后，因市场、资源配置等种种原因，必然要参与国际分工和循环，在国际竞争中提升企业自身的核心能力和发展规模，这是经济发展的必然规律。但是，参与国际竞争的出发点是为了发展本国的经济和经济方面的自立。因此，经济自立与引进外资、参与国际竞争是以经济自立为前提的有机的辩证统一。

三、改革要遵循循序渐进的原则，不能冒进。一是改革要有科学的战略目标、战略规则、战略步骤。改革从某种意义上讲，就是一种革命，是社会主义制度自我完善的革命。

所以，必须要有科学的组织程序和从实际出发的操作步骤。否则，就容易走进改革的恶性循环的怪圈。二是改革要量力而行，不能搞事大主义。改革是需要成本的，没有一定的成本准备，就会出现措手不及的局面。所以，在改革过程中切忌事大主义，不自量力，盲目从事，俄罗斯和蒙古的改革犯了这种错误。从目前朝鲜所处的国际环境、国力状况和国家士气看，朝鲜的改革必须要稳步进行，千万不可冒进，每一个领域、每一条战线、每个企业的改革，必须以科学的决策、科学的规划为前提，要把改革过程中将要遇到困难和问题估计的充分一点，并且要有一系列的应急措施和预防方案。否则，在改革的过程中容易出现浪费和损失，造成改革的成本加大，使国力和社会难以承受，出现被动局面。三是改革要循序渐进，秩序第一。秩序是进行任何事情的前提，改革更是这样，离开了秩序，改革就要失败。所以，在改革的进程中，时间服从质量，进度必须服从秩序。

四、农村改革问题。一是要鉴借中国的成功经验。中国农村的改革主要是以联产承包责任的形式推进的，其核心是农村土地承包到户，以户为单位进行经营管理。它的优势是调动了农民生产经营的积极性，实现了多劳多得，创造了丰富的农产品。它的弊端是承包而联不起产，尤其对土地规模化经营不利。另外，出现了贫富差距，冲击了农村社会的凝聚力。朝鲜的农村经济改革，应该吸取中国的经验和教训，走自己的路。二是可以探索土地股份化联产承包制的模式。

农场和农村搞股份制经营更好一些，将农村和农场的土地按照人头或其他什么标准，进行股份化分配，然后进行合伙承包或转让经营权，但股权不能随意转让。这样做利于土地的规模化、机械化、水利化经营。转让经营权的社员和农民除每年从股权中得到一份利润之外，还可以离开土地搞其他的经营活动，或者进城打工。这既保证了农民基本的利益，又促使他们搞多种经营、发展其他产业。三是农村改革中，应注意保留基层现有的组织结构，通过改革进一步强化农村社会的凝聚力，这是朝鲜民族振兴的基石，也是社会主义制度的基础所在。

五、企业改革问题。一是企业改革中要避免浪费和国有资产流失。中国的企业改革之路，是典型的摸着石头过河的产物，走了不少弯路，国有资产的浪费和流失较大，朝鲜应以借鉴。二是完善经营机制是企业改革的核心，朝鲜的企业改革可直接从建立现代企业制度着手，以国有股份为主，职工参股经营较为合适。职工作为企业的主人，以企业股东的角度体现更好些。这样既能保障职工利益，也能调动其积极性，还可参与企业的管理和监督。有了股份，企业剩余人员下岗之后，以股权形式从企业的经营利润中还可得到一块收益。但这种股权不能随意转让。三是企业改革，人才先行。首先，是培养一支企业家队伍，这是振兴朝鲜工商企业的关键所在。目前，朝鲜至少需要培养一万名善于经营管理，并能驾驭国际经济竞争环境的企业家和企业中层管理人员。其次，朝鲜进行企业改革之前，应建立一支职业会计师队伍，将企业的会计改为政府委派制，只参与企业的经营管理，不参与企业的分配，工资由政府承担，会计师向政府负责，不受企业厂长的控制。这样才能避免企业做假账、漏税、流失资产等弊端。四是有计划地拿出 1/3 的工业生产力参与国际竞争，培养一支与资本主义企业进行竞争抗衡的国家队。

六、商业改革问题。一是以建立社会主义商贸流通框架为目标，改革现有商业流通体制，培育国内市场。二是改革对外贸易体制，使这一体制尽快适应国际竞争环境。三是适当发展混合经济，促进商贸流通市场的发育。四是物价的改革不仅要与工资的改革配套，还要与有效的供给和外汇储备相适应，否则，就容易出现通货膨胀。蒙古和苏联都出现过这种局面，其危害很大。

七、旅游体制改革问题。一是把旅游产业的发展作为国民经济的战略产业，加大投入和改革力度。争取经过 3—5 年的发展，使朝鲜的旅游创汇能力达到 10 亿—20 亿美元。二是旅游产业要大量引进国外投资，使旅游产品尽快做到配套化和国际化。在各个领域的改革和开放中旅游业可以先行一步，为其他行业的改革和开放探一探路。

八、对外开放问题。一是办好现有开发区。二是新开办几个保税区。三是首先在农业领域引进国外投资资金，提升粮食、畜牧养殖、经济作物的生产能力和农业的创汇能力。四是除了重要部门之外，工业领域也要引资，拉动工业经济的增长，增加有效供给。在对外开放过程中，特别要把握国家的商业主权、工业主权问题和民族经济的发展问题。从目前经济全球化和生产能力过剩的状况看，商业主权将决定一切，商业主权一旦丧失，将极大地影响一国的经济主权问题，进而对国家主权构成危险。

（本文完稿于 2002 年 10 月 2 日）

浅议朝鲜农业发展方式

一、从以粮为主的单一结构，向粮食、养殖业、渔业、草业和经济作物综合发展的生态农业转变。几十年来，朝鲜的农业在机械化、水利化和化学化方面取得了一定的成就，畜牧养殖业和经济作物的种植虽然取得了一定的发展，但还是没有改变食品短缺状况和粮食生产的单一结构。朝鲜的国情是人口多，耕地少，要想从有限的耕地上取得丰硕的产品，就得走种植业、养殖业、草业、渔业、药材、花卉（包括其他经济作物）综合发展的生态农业之路。否则，就农业抓农业，单纯强调粮食产量的话，农业生产最终将陷入恶性循环的道路。而从农业发展的规律看，没有一定规模的养殖业和经济作物匹配的单一追求粮食产量的种植业，是"瘸腿"农业和畸形农业，是没有发展前途的。

发展生态农业首先要从养殖业入手，养殖业的综合效应和连带效应很强。一是它可以就地转化秸秆和粮食作物，使之增值，使之变成丰富的畜产品。二是秸秆过腹还田，产出大量有机肥（一头奶牛年产 20 多吨有机肥），反哺贫瘠的土壤，增加农作物产量，减少化肥的投入。如果一个合作农场养上20—30头奶牛，就等于建了一个小型化肥厂。三是牛的粪便沼气化后，可供家庭照明烧饭和取暖之用，而沼气化后的粪便的效力又提高了一倍。发展养殖业，首先可从养兔着手。兔子的繁殖率快，食粗纤维质的树叶、树枝和草，兔粪可直接（或加工后）喂牛。其次从养羊入手，尤其是"小尾寒羊"，一胎产3—5个小羔，繁殖率快、产量大、易饲养，食树叶、秸秆、草等粗纤维为主，可以实行圈养和牧养。大量饲养这种羊对改善食品供应状况见效很快。再次，要大力发展奶牛。发展奶牛是个大产业，能大量转化秸秆、粗饲料、兔粪，达到过腹还田效益。总之，在农业结构中养殖业的份额占到1/3之上的话，朝鲜的农业将步入生态农业的轨道，加之高度机械化、水利化，粮食产量将达到一个新的高峰，可实现自给有余。

二、粮食作物、肉禽蛋奶的生产，要向无污染的绿色食品、有机食品转变。 目前在国际市场上有机（无污染的）粮食的售价要比普通粮食价格高出3—5倍，而且其国际市场的需求量每年翻几番。因此，朝鲜可在发展生态农业的前提下，可以大量组织生产有机作物和绿色食品，这样用1公斤有机粮食可以从国际市场上换回3—5公斤普通粮食。其效益：一亩地的有机粮食等于3至5亩地的效应。朝鲜人多、耕地少，在发展养殖业的前提下（以农家肥替代化肥），开发有机食品、绿色食品的潜力相当大。而朝鲜生产的有机粮食、有机蔬菜可就近销往日本、韩国、中国以及中国的台湾地区和东南亚市场。然后可以从俄罗斯和中国换（购）回成倍的普通粮食和饲料。

三、大力发展药材、花卉、林草、蔬菜等经济作物，走创汇农业之路。 朝鲜的国土资源和气候特性很适宜发展药材、花卉、水果和返季节蔬菜的种植，这些产品在国际市场上很走俏，尤其适销对路的中药材和花卉等经济作物的市场潜力巨大。朝鲜的合作农场体制很适合发展规模化的经济作物的种植和管理。这些经济作物的亩产价值超过种植粮食的几倍，用一亩地的药材可换几亩地的粮食。此外，在坚持经济自主的前提下，朝鲜应拿出1/3的农业生产力参与国际竞争，这是打破经济封锁的积极有效的举措。另外，朝鲜的工业经济实力雄厚、潜力巨大，应拿出1/3的工业生产力，参与国际竞争。

四、从使用大型机械、大型灌溉、大片耕作的粗放型作业方式，向精细农业转变。 农业技术革命要围绕生物工程技术、科学种田、节水灌溉、微型机械的使用和推广进行。目前朝鲜使用的拖拉机大多是28—55马力的大型机械，这种机械既费油、粗放，不利于管理和维修，又不经济。应该提倡农业机械小型化，推广喷灌、滴溉等节水型的灌溉技术和免耕技术，作物种子实行优质良种化。另外，有计划、有步骤地适当放宽合作农场社员发展庭院经济和搞养殖的自主权，以调动他们的潜力，增加他们的收入，丰富其物质生活。与此同时，适当地搞一些集市贸易，让合作农场的社员将自产的小产品拿到集市进行交易，各补所需。另外，朝鲜的旅游资源十分丰富，通过合理规划和资源整合，3—5 年之后可达到几亿美元甚至更多的创汇能力，将成为国民经济的支柱产业。为此，也可以积极引导和组织农户参与旅游产品的开发活动。

总之农村经济方面，朝鲜最大的国情是人多、地少、劳动力资源富余、气候条件适宜农作物生长，并且有几十年发展农业的机械化、水利化的基础和具有发展规模经济的集体农场体制。因此，走生态农业之路，种植、养殖（畜牧）和经济作物并举，深化农畜产品的加工，着力发展绿色食品和有机食品，发展劳动密集型、技术密集型的特色农业，是朝鲜的长项。

（本文完稿于 2002 年 6 月 9 日）

关于实施养羊、种草战略，从根本上解决粮食短缺问题探析

　　一、朝鲜应把发展"小尾寒羊"摆到国家战略的高度来认识问题。 "小尾寒羊"最早产于内蒙古，后转入山东省，目前中国的山东、河北、河南、辽宁、吉林、黑龙江和内蒙古都在大力发展"小尾寒羊"。其优势是繁殖率快、效益大、易饲养和管理。每只"小尾寒羊"市价约30—35美元，每只羊胴体重约30—40公斤。一只母羊5个月产一胎，一胎产仔2—5只羔，一年产羔两次；羔羊6个月后，就可受胎产仔，羯羔当年可以出栏（屠宰出售）。"布尔山羊"是近十年从非洲进入中国的品种，其特点与"小尾寒羊"相似，一年繁殖两次，一次2—4只羔，其优点肉质比"小尾寒羊"好。朝鲜粮食短缺，目前不适宜大量发展养猪、养鸡、养狗等消耗粮食的动物，而"小尾寒羊"和"布尔山羊"饲养方式简单，食秸秆、树叶、草等粗纤维和少量的饲料，可以实行圈养和牧养。发展"小尾寒羊"和"布尔山羊"，对改善朝鲜的粮食短缺状况、解决农村的温饱、

提高农民的收入、促进以畜产品加工业为主的轻纺食品工业的发展和保障市场供给具有十分重大的意义。因此，应将饲养和发展"小尾寒羊"和"布尔山羊"，纳入朝鲜国民经济发展的总体规划，作为解决粮食短缺和改善群众生活问题的战略突破口，抓紧实施为宜。必要时可以搞一次养殖"小尾寒羊"和"布尔山羊"的千里马运动。

二、发展"小尾寒羊"和"布尔山羊"的实施方案。一是请求中国政府援助。商请中国政府2年之内提供15万只"小尾寒羊"和"布尔山羊"种畜，必要时可将部分其他援朝物资改成"小尾寒羊"和"布尔山羊"。二是用外汇从中国购进10万只"小尾寒羊"和"布尔山羊"种畜。三是用引进的"小尾寒羊"和"布尔山羊"改良一批朝鲜的绵羊和山羊。四是引导国际友人和友好国家为朝鲜捐赠"小尾寒羊"和"布尔山羊"。总之，如果朝鲜目前能引进20万只"小尾寒羊"和"布尔山羊"基础母畜，加之饲养得当的话，只需5年左右的时间将发展到1000万只基础母畜，其综合经济效益将达到20多亿美元。并且在第5年之后，每年可实现翻一番的增长速度，平均每年将出栏2000多万只牲畜。只要朝鲜饲养"小尾寒羊"和"布尔山羊"基础母畜的头数达到了1000万只的基数，将出现四个奇迹：一是人均年消费一只羊（40公斤）的羊肉和部分下水，就可实现人均少消费100多公斤粮食的效应。这样不仅能解决城镇居民肉食品供应问题，而且朝鲜的粮食短缺问题可望得到缓解。二是农村致富的问题也能迎刃而解，如果朝鲜每户农民实现饲养 10 只"小尾寒羊"和"布尔山羊"的目标，户均年收入可达 1500 美元。三是每年可产出 600 多万吨农家肥，对朝鲜发展生态农业将奠定坚实的基础。四是每年产出 2000 多万张羊皮、2 亿公斤羊毛、1.4 亿公斤骨粉、2 亿公斤头蹄下水，将极大地促进以畜产品加工业为主的轻纺食品工业和生物制药工业的发展。总而言之，发展"小尾寒羊"和"布尔山羊"是手段，解决粮食问题是目的。粮食问题对朝鲜来说是一个久攻不下的堡垒，应该放弃就粮食抓粮食的正面突击方式，采取间接路线战略，用迂回的策略突破这一堡垒。

三、发展苜蓿草产业的战略意义。一是可以换外汇，或以草换粮食。目前在国际市场上苜蓿草原料价格约 70 美元/吨，加工成颗粒或草粉之后 120—240 美元/吨，在中国苜蓿草粉、颗粒的销价今年达 170—250 美元/吨。近几年国际市场草产品年交易量约 1500 万吨，其中东南亚市场约 500 万吨。预计今后 10—15 年之内国际市场上草产品供不应求，产品价格趋逐年上升态势。二是苜蓿草的经济效益比粮食高。从中国目前情况看，每亩地玉米产量约 350 公斤，按每吨玉米 120 美元换算的话，每亩地的效益为（包括成本）42 美元；如果种植苜蓿草的话，每亩地按年产 750 公斤优质干草计算，年收益（包括成本）63 美元，比种植玉米高近 20 美元。此外，苜蓿草的投入比玉米少，它是一种续根豆科植物，一次播种后连续5—6年不用再播种，也不用年年锄草、施肥。三是苜蓿草的根系自我繁殖氮肥，增强耕地肥力效果特别好，尤其对改善贫瘠土壤效果最佳。四是苜蓿草蛋白质含量和饲料价值高。苜蓿草粉与秸秆相配合之后，能形成好的饲料。如发展"小尾寒羊"、奶牛和肉牛育肥均需大量的苜蓿饲料，这样可节省粮食饲料需求量。

四、发展苜蓿草产业的实施方案。一是要选好品种。目前在中国种植的苜蓿草有紫花苜蓿和从美国引种的红花苜蓿，这种苜蓿年收割两次，年平均亩产干草750—1000公斤，其出粉、出粒率可达70%。二是苜蓿草的适应性很强。土壤板结、肥力差的坡地均可种植。朝鲜应该将那些低产的、不适宜继续种植粮食作物的耕地退出来，发展苜蓿草产业，以追求最大的经济效益。三是种植苜蓿草要进行产业化运作。从种植、锄草、收割、烘干、粉碎、制粒、打包等环节，最好是一条龙式的机械化运作。

另外，在发展苜蓿草产业的同时还可发展速生杨树产业，苜蓿草与成材杨树混种均可。在中国这两年培育的欧美107、108号速生杨树的效益很好。春天栽10公分的小苗，秋天就可长到2米多高、2—3公分粗，每亩地可插3000个树苗。这种树种一是可做饲料，每年平茬一次，进行粉碎之后做饲料。二是可做纸浆，3—4年就可伐倒，粉碎做浆。纸浆可出口换外汇，或发展本国造纸业。三是可绿化大地，做民用木材。无论做饲料、做纸浆，对朝鲜创汇，缓解纸浆和饲料短缺都有积极的意义。

（本文完稿于 2002 年 9 月 21 日）

关于日本与朝鲜
改善睦邻关系问题杂议

　　2002 年 9 月 17 日日本与朝鲜发表了平壤宣言，从宣言内容上看，两国为了邦交正常化相互都做了一定的让步和姿态。如果认真遵守这一宣言的原则和内容，日朝关系将会从敌对关系向合作关系迈出一大步。为此说几点旁观之言。

　　一、要珍惜这一开端，把握难得的契机。说它是难得，是因为这是两国的首脑冒着极大的压力和风险，以政治家的勇气所做出的决策。对金正日来说能够放弃战争赔偿的提法，坦白承认绑架事件，停止导弹试射等是需要很大的勇气的；而对日本来说承认过去的历史，表示谢罪之意，为朝鲜提供经济援助性的补偿也是冒了很大风险。可是平壤宣言是符合两国国家利益的正确的选择，对此不应有疑虑，两国以此为起点只要大胆往前走，会有收获的。从朝鲜的体制和金氏父子的风格看，今天能向日本伸出橄榄枝是一件不容易的事，也是迫于无奈。日本应该顺势而为，把几十年来的恩恩怨怨清理一下，恢复正常的邦交，对朝鲜改善其困境，对日本改善睦邻往来，开拓朝鲜市场，打通通往欧亚大陆的大动脉都具有积极的意义。

二、正确对待压力，把握关键问题，走自己的路。目前，日本民众对朝鲜的绑架事件的情绪激愤，各种呼声也很高，对此应该历史地看待。绑架事件毕竟是冷战思维的产物，已经是过去的事情了，做到有理有节恰当地对待就是了。不要把问题复杂化了。因为，日本的目的不是想与朝鲜继续交恶，而是想改善睦邻关系，那么就得对待这些敏感问题有个分寸和度量，该淡化的要淡化；该绕过去的，还得绕着走。目前来说，让问题服从目标是关键点。另外，近日朝鲜的核武器和生化武器的研制问题，闹得很复杂了。对这一问题，美国为首的一些国家，对日本与朝鲜的会谈施加了压力。而日本的党派也在活动。对此，应该这样理解：朝鲜既然大胆承认事实，那么他们的目的也在谈判，最终是有条件地放弃。对解决这一问题，日本有利益所在，也有义务。但是，不是日本一个国家就能解决了这一争端的。因此，日本不要因为这一新问题的出现而偏离原来的目标，更不要把各种问题和目标搅和在一起。否则对主要问题的解决和主要目标的实现不利。在东北亚政治、经济、军事和外交问题的盘子中，对日本来说，优先解决与朝鲜这一睦邻的关系是各种矛盾和问题的关键点。为此，要顶住来自各方面的压力，排除各种干扰，把握关键问题，走自己的路，解决自己的问题，是十分现实的选择。

三、日本应以大国的姿态对待会谈问题，以实现最终目标为准绳。日本目前是个政治大国、经济大国和文化大国，而朝鲜目前是个经济小国，且政治上也很孤立。因此，日本与朝鲜实现邦交正常化的会谈中要体现大国的气度和雅量，不要纠缠小节和次要的问题，该让步的一定要让步，谁都不让步怎么谈下去呢？在和谈中要拿出日本大和民族的忍耐性和宽容精神，对待睦邻，如果像对兄弟一样去做的话，谈判中的一切障碍都能得到排除。既然朝鲜能宽恕过去，面向两国的未来，日本更应该宽恕朝鲜对待绑架日本国民的事件，不要再继续纠缠这一问题，待两国关系正常化后，这些问题自然而然就能得到合理妥善的解决。国际关系中，很多敏感的问题往往是随着时间的推移和关系的发展，自然而然地能顺理成章。另外，与朝鲜的邦交正常化的进程中，日本政治家们不仅要从政治家的角度考虑问题，而且要从战略家的角度行事。日本与朝鲜的邦交正常化无论对东北亚的和平与稳定，还是经济协作都有重要的战略意义，而且对日本经济的复苏和市场开拓具有十分迫切的战略意义。朝鲜目前经济十分困难，为此他们对邦交正常化十分积极，寄希望于日本的经济援助。那么从日本的角度来说，一手给他们经济援助的同时，另一手对该国的交通、能源、港口和城市基础设施进行大规模投资，待该国的经济发展起来之后，投资的回报不是显而易见的么？另外，随着邦交正常化日本的众多企业可以登陆朝鲜，利用朝鲜的廉价劳动力和现有生产能力，进行扩张的潜力十分巨大。对这些利益问题都需要从战略的高度去审时度势。作为大国的政治家们，应该从国家的战略利益和战略目标去审视眼前的矛盾，应该从大和民族的百年前景，定夺与睦邻的关系。乘目前日本国力所及，为未来的国家安全多铺垫一些基础是十分必要的。我们不认为朝鲜是好战的，从该国所奉行的主体思想看，是以军事自卫为立脚点的。朝鲜这一民族在历史的长河中没有记载她侵略别的民族或国家的记录。目前，他们十分困难，需要帮助。如果大和民族在这关键时刻能给他们提供帮助的话，他们应该是不会忘记的。从中国传统思想的角度看，帮助别人等于最终帮助了自己，落井下石，最终吃亏的还是自己。

总而言之，国与国之间关系的和睦，需要时间和机遇，能抓住机遇对己对别人都是有利的，放任机遇流失，对国对民族都是不负责任的行为。

（本文完稿于 2002 年 11 月 23 日）

对辽宁大型企业集团
所面临困境的战略思考

1. 大型企业集团在辽宁经济发展中的战略地位和作用

今天大型企业已成为世界经济活动的主角，联合国贸易与发展会议 1997 年 7 月公布数据显示，1996 年全球共有跨国公司 4.4 万家，子公司 28 万家，在世界各地的雇员达 7000 万人。这些企业控制了世界总产值的 40%—50%，国际贸易的 50%—60%，国际技术贸易的 60%—70%，产品研究开发的 80%—90% 以及对外直接投资的 90%，成为世界经济发展中举足轻重的力量。所以大型企业集团标志着一个国家和地区的经济实力。欧、美、日等国之所以强盛发达，靠的主要是高科技、私营经济和大型企业集团。辽宁是中国的重化工业基地，冶金、机械、石化、电子工业基础较好，工业在三次产业中的主导地位十分显著。这恰好适宜组建企业集团，实现四个目标：一是利用其规模大、实力雄厚、市场占有率高的特点带动行业乃至整个国民经济的发展；二是对现有企业进行结构性调整和资产重组，将管理不善、效益低下的企业资产存量优化组合，从而提高经济和社会效益；三是利用其投资和控股能力，促进有限资源的合理配置，创造名优产品，加快形成集团优势；四是通过实力强、规模大的企业集团，发挥规模经济、专业化协作及技术开发等优势，参与国际竞争，不断开拓国际市场。目前，辽宁90家重点企业集团在全省经济发展中具有引领经济的"火车头"作用。以工业企业集团为例，62家企业集团个体数占全省国有大中型及规模以上非国有大中型企业（口径下同）比重的7%；其主营业务收入占全省的比重为31.2%；利税总额占全省的比重为26.5%。

1.1 企业集团已成为促进辽宁经济发展的主力军

截至2000年年末，辽宁省有90家企业集团，其中由国务院批准和授权组建的国家级试点企业集团有6家；由省政府批准和授权组建的有40家；其余44家为上述以外部门批准组建的。其中，有22家集团母公司为国务院批准确定的国家重点企业。90家企业集团现拥有成员企业820家，平均每户集团拥有成员企业9.1户。

1.1.1 从实力和规模看，经济实力壮大，规模效益提高。截至2000年年末，调查的90家企业集团资产总计达3001.6亿元，平均户均资产33.4亿元。其中，资产总计在10亿元以上的有54家，占60%。实现主营业务收入1196.9亿元，比1999年增长18.3%；完成出口额99.7亿元，比1999年增长41.9%；完成固定资产投资额128.6亿元，比

1999 年增长 39.4%，高于全省增长幅度 24.4 个百分点；实现利润 35.8 亿元，比 1999 年增长了 53.8%。从 2000 年 90 家企业集团生产经营系列评价指标来看，资产利税率为 3.3%，比 1999 年提高 0.3 个百分点；资金利润率为 1.6%，比 1999 年提高 0.4 个百分点；销售利润率为 3%，比 1999 年提高 0.7 个百分点；总资产报酬率为 2.6%，比 1999 年提高 0.3 个百分点；对外投资收益率为 67.4%，比 1999 年提高 28.3 个百分点。

1.1.2　从股权结构看，工业、国有控股企业集团呈主导地位。在全省 90 家企业集团中，工业企业集团有 62 家，资产总计达 2611.4 亿元，占 90 家企业集团全部资产总计的 87%；主营业务收入 997.2 亿元，占 90 家企业集团全部主营收入的 83.3%，比 1999 年增长 21.3%。从全省冶金、机械、石化、电子四大支柱行业的龙头企业来看，资产总计排在前 5 位的企业集团依次为鞍山钢铁公司、本溪钢铁集团有限责任公司、一汽金杯汽车股份有限公司、沈阳机电装备工业集团、东北输变电设备集团公司。在这些企业集团中，除沈阳环保设备制造集团有限公司为集体控股企业外，其余均为国有及国有控股企业集团，他们已成为主导和牵引全省经济发展的"火车头"。

1.1.3　从改制成效看，企业集团改制已见成效。几年来，辽宁省企业集团在发展、壮大集团经济实力的同时，企业集团改制工作也取得了一定进展。一是有 81 户企业集团建立了母子公司体制。其中90%以上的集团母公司能够发挥其集团的核心作用和功能，能够对集团发展战略、重大投融资项目、集团财务管理制度、涉外贸易和经济技术合作等进行统一决策。二是有71户企业集团母公司实现了改制，并按照《公司法》的要求，建立了以"董事会、股东会、监事会"为标志的法人治理结构。三是有63户企业集团母公司建立了出资人制度。在建立出资人制度的企业集团中，有92.8%的母公司行使了重大经营决策权，74.4%的母公司行使了选择企业经营者的权利，68.7%的母公司行使了收取资产收益的权利。四是有60户企业集团已实行了合并会计报表制度。通过实行合并会计报表制度，健全了集团内部的财会制度及资本营运的审计监督制度，提高了资本的营运效率。

1.1.4 从集团母公司实现改制的企业集团经营效益来看，明显好于不改制的企业集团。2000年末，已实现改制的71户企业集团资产总计同比增长20%，而未改制集团仅增长10%；改制集团的资产保值增值率为120.8%，而未改制集团仅为104.4%；改制集团的主营业务收入同比增长19.1%，而未改制集团同比增长16.3%；改制集团的销售利润率为3.3%，而未改制集团为2.2%；改制集团的资金利润率为1.8%，而未改制集团为1%；改制集团的净资产收益率为2.8%，而未改制集团为1.3%。

1.2 企业集团的发展已实现了几个转变

1.2.1 从时间上看，全省企业集团已由初创阶段进入起步阶段，实现了由松散型向紧密型的转变。自集团组建以来的十几年间，经过不断探索和完善，全省企业集团顺利地由横向联合阶段、政府导向阶段过渡到了市场规范阶段。其主要标志：一是形成了由核心企业、紧密层企业、半紧密层企业和松散型协作层企业共同构成的经济联合体，企业集团的发展更进了一步；二是形成了以母公司为核心，以资本为纽带，具有多层结构的母子公司为主体的多法人经济联合体。90家企业集团中，近于规范的有55家，占60%。

1.2.2　从空间上看，辽宁省企业集团已初步打开行业、地区、所有制和国界之门，实现了由封闭式向开放式的转变。随着理论与实践的发展，人们对企业集团的认识也不断的深化。原有的同行业、同地区为限的集团雏形状态以及以技术设备、龙头产品等为纽带组成的松散型协作式的集团模式，已不再适应市场经济的要求。于是，企业集团便发展到以资本为纽带，具有多层次结构的母子公司为主体的跨行业、跨地区、跨所有制、跨国经营的大型企业集团模式。在90家企业集团中，已涌现出像东电、黎明、北台、盼盼、东北轻工、和光、沈飞、华录、营口腾达、东北输变电等10余家这样的集团，它们将在空间上参与更加广泛、激烈的市场竞争。

1.2.3　从形式上看，辽宁省企业集团主要通过控股实施集团策略，实现了联结纽带由产品到资产的重大转变。实践表明，这个转变的意义是深远的，因为在企业间联合的诸要素中，唯有资产最长久。集团通过对母子公司的控股，即非产权联结到产权联结，增强企业集团凝聚力，统一实施重大战略决策，实现提高经济效益的目的。

1.2.4　从效果上看，全省企业集团发展活力初步显现，尤其是民营企业集团发展势头较猛，实现了由国有独家发展到国有与民营竞相发展的转变。过去大企业集团似乎与民营企业无关，但中共的十四大以来，一批优秀的民营企业集团脱颖而出，一展风采。像盼盼、东大阿尔派、和光、营口腾达等民营企业集团，不断发展壮大，其发展速度，令人称道。民营企业集团的迅猛发展，必将带来国有与民营经济结构的重大变化。

1.3　企业集团的发展已形成了几大优势

企业集团除了固有的规模经济优势和它在管理、信息、技术、人才等方面具有中小企业无法比拟和替代的优势外，还显示出了如下优势：

1.3.1　通过兼并重组，形成投资主体多元化。通过企业兼并、资产重组，不断优化资本结构和产业结构。全省90家企业集团，从最早组建的1979年的第一家至今，企业兼并和资产重组频繁发生，其中有行政性运作的因素，但更主要的是受企业间利益的驱使，有自愿基础上的市场行为，其目的是提高企业在市场经济环境下的竞争能力。由此，企业集团的资本得到迅速扩张，促进了多元化投资主体的形成。

1.3.2 盘活存量资产，实现国有资产保值增值。利用优势企业组建企业集团，可以吸纳更多的资产，尤其是盘活呆滞资产，发挥集团优势和功能作用，促进国有资产的保值增值。调查资料显示，90 家企业集团 2000 年固定资产净值为 1225.8 亿元，平均每家 13.6 亿元，流动资产年平均余额为 1125 亿元，平均每家 12.5 亿元，与 1999 年相比，资本保值增值率为 13%。

1.3.3 扩大对外投资，提高经济增长质量与效益。企业集团经济实力雄厚，加上核心企业（母公司）的"旗舰"统领作用，使其在投资决策上比一般形式的企业具有更大的优势。90 家企业集团至 2000 年累计对外投资 190.1 亿元，其中对境外投资 9183 亿元。2000 年投资收益 5.4 亿元，投资回报率为 2.84%。

1.3.4 建设和开发相结合，不断为集团发展注入活力和后劲。现代企业集团既要抓好当前生产，更要兼顾未来发展，不断为集团注入新的生机，才能实现中共十五大提出的"以资本为纽带，通过市场形成具有较强竞争力的跨地区、跨行业、跨所有制和跨国经营的大型企业集团"的战略部署。从 90 家集团调查的情况看，企业已较好地处理了当前和长远的关系。2000 年，完成固定资产投资额 128.6 亿元，比上年增长 39.4%，发展势头比较强劲；同时，集团对涉及企业长远发展的开发研究工作给予了高度重视。

1.3.5 提升核心企业的功能，形成了"旗舰"带动效应。90 家大型企业集团，总部一般都设在核心企业，而且高层管理人员多在核心企业任职，集团经营战略主要靠核心企业这艘"旗舰"带动子公司而体现出来，集团母公司对子公司的发展产生巨大的影响。2000 年，90 家集团所下属的子公司拥有资产 4. 9 亿元，占集团平均资产的 13. 8%。这些子公司的重大经营决策权，有 55 家建立出资人制度的集团归集团总部行使，并由核心企业统领生产经营。

2. 辽宁大型企业集团发展的制约因素

2.1 科技投入不足，缺乏核心竞争能力

国际企业界普遍认为，企业技术创新能力即研究开发费用占销售收入的比例在 5% 以上的企业才有竞争力；占 2% 仅够维持；不足 1% 的企业则难以生存。而目前欧美发达国家一般都在 5%—10%，世界 500 强企业许多都超过 10%。从调查的 90 户企业集团看，研究开发费用占销售收入的平均比例仅为 0. 75%，较 1999 年下降了 0. 03 个百分点。从个体企业集团来看，仅有 1 户的比例在 10% 以上，其后有 14 家的比例为 4%—2%。此状况令人担忧。辽宁省作为"传统工业"为主的老工业基地，其企业的技术进步和产业升级的任务是艰巨的，也是全省企业集团今后发展需要解决的关键问题。

2.1.1 从投入研发经费上看，90 家企业集团 2000 年共投入研发经费 89225 万元，平均每家 991. 4 万元，占当年销售收入的比重（即 R&D 比重）为 0. 73%。在 90 家集团

中：R&D 比重大于 5% 的仅有沈飞集团 1 家；在 1%—5% 之间的有 28 家；在 0.5%—1% 之间的有 14 家；在 0.5% 以下的有 32 家。按照国际目前的评价标准，辽宁省 90 家企业集团中，有 1 家竞争力较强，12 家竞争力一般，46 家则属于缺乏核心竞争力，占 90 家集团的一半还多。特别值得指出的是，全省企业集团的 R&D 投入本来就不多，可是 R&D 比重却还在呈现逐年下降趋势。从 1998 至 2000 年，90 家企业集团 R&D 比重每年都下降 0.1 个百分点。

2.1.2 再从投入 R&D 人力状况看，2000 年 90 家集团中，有 54 家科技人员占从业人员的比重超 5%，占 60%；其中专门从事研发活动的科技人员占科技人员比重的 20%。也就是说，每 5 名科技人员中，只有 1 人是从事研发活动的。研发经费和研发人力投入的不足，严重影响了 90 家集团 R&D 能力的提高，也影响了技术创新和产品创新。

2.2 创新能力差，企业竞争能力趋弱

2.2.1 新产品产值率低，创新能力较弱。90 家集团的多数负责人都认为目前企业缺乏核心技术产品。目前 90 家集团新产品仅占 2 成，新产品产值率为 20%。在 90 家集团现有生产的产品中，具有国内一般竞争力的产品占 70%，具有国际一般竞争力的产品占 43%，其中真正具有独特性、拥有自主知识产权，入世后仍有较强竞争力的产品占 10% 左右。可见，90 家集团入世前的产品结构，80% 的产品属于传统产品，新产品只有 20%。其中仅有 10% 有较强的国际竞争力。

2.2.2 新产品储备少，应变能力不足。从某种意义上说，新产品储备实际上就是对未来竞争力的储备。企业产品市场份额的提高，靠的就是不断推出的新产品。2000年全省90家集团共生产产品6981个，每家平均77.6个；新产品投产数2353个，每家平均28.2个，占总平均数的36.3%；新产品储备数1648个，占产品总数的23.6%，每家平均18.3个，每月不到2个。

2.3 市场占有率低，企业影响力不够

2.3.1 国际、国内市场占有率偏低。据了解90家集团166种主要产品，其中有72种产品国内市场占有率在5%以下，有26种产品国内市场占有率在5%—10%，有27种产品国内市场占有率在10%—20%，有41种产品国内市场占有率在20%以上。在166种主要产品中，共有90种产品销往国外。其中有72种产品国际市场占有率在5%以下，有9种产品国际市场占有率在5%—10%，有8种产品国际市场占有率有10%—20%以上。由此可见，90家企业集团产品市场占有率水平不高，尤其是国际市场占有率更低。

2.3.2 国外销售及服务网点偏少，市场营销水平低。在调查中，有28家集团董事长（总经理）认为目前市场营销跟不上，占调查总数的31%。至2000年90家集团共设销售网点10392个，每家平均115.5个，其中在国外设销售网点100个，每家平均1.1个。共设服务网点9436个，每家平均 104.8 个，但在国外设服务网点仅 64 个，每家还不足 1 个。国外销售、服务网点的严重偏少，限制了产品外销，也影响了产品跻身国际市场的进程。

2.4 产业集中度偏低，难以发挥规模效益

辽宁省企业集团规模小、分布较散、效益差的问题比较突出，绝大部分资产在 5 亿元以下。以冶金行业为例，包括成品钢在内的钢、铁年产量不到 4000 万吨，辽宁有 330 多家（其有大型企业集团 5 家）炼钢炼铁企业，平均每家年产量不到 13 万吨，规模和能力与发达国家差距较大。如美国 6 家年产钢铁 6000 万吨、韩国 2 家年产量 2500 万吨、英国 3 家年产量 3000 万吨，每家钢铁企业的产量均在 1000 万吨左右。冶金行业是辽宁省集中度较高的行业，但全省 3 家较大的普钢企业鞍钢、本钢、凌钢 1999 年产品销售收入 260.2 亿元，以此计算的全省冶金行业产业集中度为 56.2%，而发达国家产业集中度却高达 80%—90%。产业集中度偏低，说明辽宁省的企业规模偏小，同行业企业多，无序竞争激烈，产品相同或相近，同抢一个市场，导致资源浪费和规模经济的优势无法体现。

2.5 结构性矛盾仍然较突出，影响经济运行质量

结构性矛盾是制约辽宁经济的突出问题之一。1999 年，全省三次产业的构成比例为 12.5：48：39.5，与过去比，结构优化了许多，但与发达省市比，还有一定差距。尤其是 90 家企业集团中的二、三次产业的内部构成比例不够合理。

从 90 家企业集团在各产业内部的构成看：农业企业集团有 2 家，与 1997 年相比增加 1 家。在第二产业中，工业、建筑业企业集团共有 65 家，数量占 72%，销售收入占 82.7%。其中工业 60 家，均为制造业。这一方面说明全省企业集团偏重于传统行业，而另一方面说明企业集团中成长性的新兴产业发展不够。在第三产业内部，共有 23 家企业集团，占总数的 25.6%，其中商贸类集团 10 家，餐饮服务类 13 家。

3. 企业集团发展的战略对策

3.1　加强宏观调控，培育一批具有国际竞争力的骨干企业

我国和世界各国组建和发展企业集团的实践证明，靠行政力量与市场机制的有机结合，组建和发展企业集团是行之有效的做法。根据辽宁的实际情况，政府应该重点抓好适合国有经济进入的行业和领域的大型企业集团的建设工作，重点组建和完善 30—50 家大型企业集团，用以带动整个国民经济发展，并重点做好产业政策引导，突出重点，抓出实效。值得指出的是，在大集团组建初期，即迈向市场经济的过渡期，必须注意把市场推动与政府引导结合起来。目前运行的辽宁的大型企业集团多数是国有控股企业，都是在计划经济体制下逐渐发展和演变而来的，它承担着巨大的社会职能，与政府有着很难了断的关系。政府在承担对企业无限责任的同时，企业也承担着大量的社会职能。在这种包袱沉

重、冗员众多的情况下，辽宁的大型企业集团同外资企业以及其他所有制企业进行竞争，显然不是在同一个起跑线上，这个问题不解决，应对入世挑战就是一句空话。因此，需要政府加强调控力度，帮助国有大型企业集团"减人、减员、减债"，为国有企业集团创造平等竞争的条件。

通过外部收购、兼并、资产重组方式实现低成本扩张，是目前扩大企业规模，发挥规模优势的一种有效方式，也易被企业所接受。如 2000 年 90 家集团中分别有 37 家进行资产重组，13 家实施了收购、兼并，分别占 41.1% 和 14.4%。收购、兼并与资产重组活动需把握好 3 个原则：一是市场化优先原则。即对企业间建立在自愿、互利互惠基础上的并购，各级政府及有关部门应给予积极的支持与指导，帮助企业解决并购过程中所遇到的实际困难，促其尽快发展。二是重组后的内部整合原则。目前全省企业集团的重组存在两个值得重视的问题：首先，片面地追求大，形成"大而全"、"小而全"，包袱沉重。甚至有些过去不错的企业，因收购兼并举步维艰的企业后，也被债务和冗员拖垮。其次，重组后的后续工作没有及时跟上。事实证明，企业间实现了收购兼并，只是完成了重组的第一步，后面还有更多的工作要做。如：用现代企业制度改造老企业，形成全新的运营及管理机制；通过内部资产的重新整合，实现资产效能提高；人才、技术的合理配置，形成新的技术，产品竞争优势。三是要防止"大企业病"。通过有效的资本运营，企业规模会越做越大，当达到了规模经济上限时，其庞大的组织机构就会显出笨拙、低效，这就是"大企业病"。这是西方发达国家的大企业在工业化时代普遍经历过的。对此我们应引以为鉴。

加入世贸组织标志着对外开放进入了新阶段。目前，世界经济正处于大调整、大重组的重要时期。就辽宁90家大型企业集团的现状看，历史上形成的产业基础、技术能力、生产业绩以及产品品牌和市场营销网络有一定的比较优势，具有承接国际大公司产业转移的能力。因此，重点培育一批具有国际竞争力的骨干企业集团，使辽宁大型企业集团尽快加入跨国公司的行列，成为其产业链的一环，是辽宁大型企业集团应对入世、做大做强的一个重要战略举措。

3.2 树立品牌意识，塑造辽宁企业的名牌

目前，市场经济在由较低阶段发展到高级阶段的过程中，经过优胜劣汰的市场竞争的洗礼，名牌产品在商品世界中的地位逐步上升，现代市场经济则成为品牌争霸天下的时代，一个地区若没有一批知名企业，一个企业若没有在国际、国内市场打得响的名牌产品，在日趋激烈的市场竞争中，就只能处于被动地位。名牌是市场经济发展到一定阶段的产物，名牌产品在市场上的高效益可以给企业带来巨额利润，这正是企业追求的基本经营目标。产品差异在竞争中具有极为重要的作用，促使厂家千方百计开发技术含量大、高附加值的名牌产品。事实证明，在激烈的市场竞争中，真正

能够生存和发展并且占据大部分市场的必然是竞争实力很强的名牌产品。因此，应该清醒地看到，当今国际范围的经济竞争，实际上是品牌的竞争，毫无疑问，只有创出名牌并能持续发展的企业，才能赢得市场。辽宁的企业集团要想把握入世的机遇，进军国际市场、守住国内市场，就必须拿出自己的通行证——名牌，此乃辽宁大型企业集团走向世界的关键所在。

从辽宁大型企业集团目前状况看，品牌意识较弱，多数企业集团没有树立起自己的品牌，目前已有的一批名牌产品也存在辐射面窄、市场占有率低、出口创汇能力差等问题。所以，辽宁企业集团塑造名牌方面需要做的工作还很多。首先，应该围绕核心竞争能力树立品牌。企业的核心竞争能力需要长期培育，不断强化。它是技术系统、市场开拓系统、企业管理系统、资本运营系统的有机融合，是企业在本产业领域中的竞争经验体系。目前，绝大多数企业只关注企业行为的外在效果，企业生产规模等，却很少认真分析形成这一结果的内在因素。所以，只有具备核心竞争能力的企业，能具有创名牌产品的条件。因此，核心竞争能力是通向名牌的桥梁。其次，实施双赢策略，扬长避短，创立国际名牌。从市场经济的角度看，国际化竞争的真正含义就在于竞争的不确定性和相互依赖性。面对新的竞争模式，要想做到品牌含金量日益增加，单纯依靠自身资源和能力已显得不够，要充分借助于外力，吸收和利用其他企业的核心竞争力，更有效地参与竞争。日本的丰田、佳能、本田等企业集团都很成功地运用了这一策略。这种借船出海，在合作中求生存、求发展，逐步树立起自己的品牌，不断扩大企业品牌在国际市场中的影响力的做法，值得辽宁大型企业集团借鉴。

3.3 转变旧的"做大做强"观念，提高企业的核心竞争力

实现辽宁经济结构战略调整的目标，促进辽宁经济持续健康的发展，离不开大型企业集团，而企业集团的发展壮大的关键环节是提高其核心竞争力。目前，辽宁90家企业集团中，按企业综合指标评价法计算，获利能力、偿债能力、资本运营能力和发展能力较好的占26%，一般的占63%，差的占11%。这充分说明，辽宁企业集团还需要在"做强方面"下工夫。按照我国"十五"经济发展预期目标，以战略眼光认识企业集团今后的发展方向，应是在一些主要行业形成若干拥有自主知识产权、主业突出、核心能力强的大公司和大企业集团。尤其是国家有关部门近期表示，今后几年我国将通过上市、兼并、联合、重组等形式，重点培育30—50家具有国际竞争力的大型企业和企业集团，使之成为经营结构调整、促进产业升级的骨干和依托。在这样的形势背景下，辽宁省企业集团能否跻身这样的行列和增强发展后劲，关键在于提高现有企业集团的核心竞争力。从辽宁来看，许多企业集团尤其是石化、机械制造、钢铁、电子信息制造等行业的企业集团，不论是资本总额、营业收入、盈利

份额、市场规模、装备技术、人才水平等，都是很有基础和实力的企业集团，也与国家今后要重点培育的大型企业集团的主体思路相符。但目前的首要问题是如何提高这些企业的管理水平、营利能力和技术创新能力，因为集团"做大"容易"做强"难，在这方面，韩国企业集团的发展已为我们提供了经验和教训。为此，不论是集团审批部门还是企业集团自身，都要遵从市场经济规则，从企业利益出发，根据成本收益来衡量该合并哪些企业，不合并哪些企业。不能用"拉郎配"或"以富带贫"的方式，把一些经营不善的企业硬塞进好的企业，这样会因内耗大而使好的企业陷入困境，甚至被拖垮。

今天在世界经济一体化的大背景下，企业核心竞争力是产业和地区竞争力的基础。提高核心竞争力，重点是强化企业技术创新能力。建立以企业为主体，企业、院所与各种服务机构共同推进的技术创新体制。要不断加大研发经费的投入。由于辽宁省有相当一批国有企业是建国初期建立起来的，企业和技术严重老化，加之离退休人员包袱重，使研究开发费用的投入相对少些。为此，相关部门要在制定有关政策解决好上述问题的同时，更要鼓励企业增加研究开发费用，通过建立技术中心等形式，与高等院校、科研院所及境外跨国公司进行合作研究、技术交流、成果转让等，促使企业围绕全省的支柱行业和主导产品加大开发力度，加快辽宁产业和企业的技术进步和升级。

3.4 围绕经营行业和市场，促进企业多元化发展

大企业集团组织庞大、结构复杂，已不具备"船小好掉头"的能力。因而大企业的经营特点不轻易涉足新领域，而一旦进入某领域，就要长期占据这个领域。所以，大企业在一个市场领域中保持长期的竞争优势，并不靠一种或少数几种赢利产品，而是靠企业雄厚的资金实力和技术储备，靠在经营范围上涵盖一个行业中的多数产品线。只有这样，才能充分发挥大企业在规模经营和范围经济上的巨大潜能。所以，大企业的经营点在行业和市场，不在具体的产品。这样，由于企业各业务部门之间有较强的技术关联性和市场关联性，它们之间在技术上和经营上的共性也就十分明显的。这使得企业在一个领域中的创新和成功很容易成为其在相关领域中谋取竞争优势的积极因素。如一种新技术的产生可能引发几个产品线的更新；一种产品的营销成功，可能使企业的商标或信誉较容易地延伸到其他相关产品的销售，等等。如中国的海尔集团、伊利集团、娃哈哈集团都取得了这样的效应。因此，辽宁的大型企业集团要在经营行业上多下工夫，不应该在某一种类的产品线上打转转；要在战略摆布上多进行整合，以求整体效应。

大型企业集团的成长意味着其资产规模的不断扩大和产品线的逐步增多。因为，局限于单一产品线，既不利于分散企业的经营风险，也不利于充分运用企业的经营资源。但是，不恰当的多元化也会严重危害企业的成长，甚至会将企

业拖入崩溃。所以，世界上成功的企业都是围绕明确的核心技术或核心市场发展起来的。如：德国的西门子、美国的通用电气公司和西屋公司、荷兰的菲利浦电气公司、日本的松下公司和我国的海尔、联想等都是以电子技术为轴心成长起来的集团型大企业。他们在最初的产品基础上逐步向不同领域扩张，现在经营着从核电站到电烤箱、电子手表、通信设备等数以千计的产品种类。辽宁的大型企业集团在这方面也进行了有益的探索，并取得了可喜的成效。如：东大阿尔派、一汽金杯、大连冰山集团等都围绕技术和市场进行了多元化经营，在同行业中占据了一定份额的市场。今后，辽宁大型企业集团还要继续坚持多元化发展战略，围绕品牌的扩张、技术的渗透、市场的拓展等方面进行多元化经营。但是，多元化经营要有其边界，任何企业都必须注意守定自己的核心市场和核心技术。60—70年代里，发达国家的大型企业曾一度以混合多元化经营为时髦，但进入80年代以后，潮流逆转，大型企业纷纷出售或关闭离主业过远的经营项目，着重专注于其传统的技术——市场轴心。因此，辽宁的大型企业集团奉行多元化战略的过程中也要借鉴上述的经验和教训。

（注：该文是作者读美国莫赫德州立大学工商管理研究生班的学位论文摘要）

2002 年 5 月 17 日

关于我区能源工业实现科学发展的
几个问题

　　一、发展循环经济与实现可持续发展问题。资源环境是人类赖以生存发展的基本条件，自然资源的短缺性法则，要求我们发展循环经济，走可持续发展道路。而我区能源工业是典型的"高增长、高效益、高投入、高资源消耗、高排放、高污染"的"六高"特点，很难持续发展。要想保持我区能源工业的可持续发展就必须以延伸产业链、价值链和绿色工业理念为导向，构建循环发展模式。如在煤—电产业链中，鼓励利用煤矸石、中煤发电，在发电产生的粉煤灰中提取氧化铝，发展环保型电解铝，将提取氧化铝过程中产生的硅钙渣用于水泥熟料；在煤—电—高载能及其废弃物循环利用产业链中，煤转电后、依托电力资源利用境内丰富的石灰石、铝矾土、高岭土等资源发展环保型高载能产业，废气回收用作化工原料，废渣用作建材原料。也可建设矸石电厂、煤矸石建材厂等综合利用项目。例如，鄂尔多斯市蒙西集团利用焦炉煤气提取氢气、以水泥窑尾气提取二氧化碳还原制备一氧化碳，然后以氢气和一氧化碳为原料制备甲醇；用电厂的粉煤灰提取氧化铝，产生的硅钙渣生产水泥熟料，废水再次用于电厂，实现了废弃物最大限度的综合利用和污染物的零排放。我区能源工业的煤炭以及利用煤炭发电的比重较大，煤炭对环境的影响是非常大的，煤炭的环境保护工作必须贯穿于煤炭资源的勘查、规划、建设开采、加工和利用的全过程中，这是一个系统工程。对于减少煤炭加工利用中的环境影响而言，可以采用洁净煤技术、提高原煤的入洗率，开发型煤、水煤浆等下游环保型产品，改善燃煤技术，提高效率、降低污染。另外，通过开发煤层气资源、矿区地下水的综合利用及矿井水资源化、综合利用煤矸石和对煤矿床共伴生矿产的综合利用等都是增加矿山环境效益和资源附加值的重要途径。

　　二、构筑多元化的现代产业体系与结构优化升级问题。十七大报告提出："要加快转变经济发展方式，推动产业结构优化升级，这是关系国民经济全局紧迫而重大的战略任务。"实现发展方式转变的途径是调整结构，从能源工业的角度讲，就是产业结构的优化升级和新型工业化问题。从我区能源工业的现状看，构筑多元化的现代产业体系是实现上述目标的切入点。一是发展能源装备制造业。装备制造业水平，是一个国家和地区工业化程度的重要标志。目前，装备制造业发展滞后，产品可靠性差、成套能力弱的问题十分突出。这些都是能源工业优化升级的"瓶颈"，也是造成能源产业高污染、高排放的主要原因之一。因此，必须尽快改变这种局面，提高能源装备研发设计能力、制造能力和集成能力，发展能源重大成套装备、能源高技术装备和新能源产业所需装备，推进能源装备制造业绿色化、信息化和国产化。我区的能源装备制造业的侧重点，应该是风电、太阳能和生物质能的装备制造，其战略目标是打造中国乃至世界级的新能源装备制造业基地。近几年我区风电设备制造产业有了一个很好的起步，正在向国家新能源装备制造国产化和本土化的重要基地迈进。二是围绕煤炭、石油和天然气的深加工，大力发展能源化工业。能源化工是利用化学与化工的理论与技术来解决能量转换、能量储存及能量传输问题。物质可以从一种形式转化为另一种形式，能量也可以从一种能量转化为另一种能量。在这些转化、转换过程中，能源化工因其化学反应直接或通过化学制备材料技术间接实现能量的转换与储存。能源的高效、清洁利用正是能源化工所面临的光荣而艰巨的任务。我区鄂尔多斯市的煤制油项目、天然气提取甲醇项目都已建成投产，为我区大力推进能源化工产业的发展探索了新路。三是抓住机遇大力发展新能源。新能源一般是指在新技术基础上加以开发利用的可再生能源，如太阳能、生物质能、氢能、风能、沼气、酒精、甲醇等。我国于2006年年初已出台了《新能源法》，前不久国务院制定的《我国新能源产业振兴规划》准备投资3万亿元发展新能源。这对我区能源工业调整结构，发展新能源是个难得的历史机遇。我区风能、太阳能资源居全国之首，风能总功率10.1亿千瓦，可利用功率1.01亿千瓦，其中适于较大规模开发的地区有乌兰察布的辉腾锡勒、通辽的珠日和、锡盟的锡林浩特和阿巴嘎、包头的达茂旗、巴彦淖尔的乌拉特后旗和中旗、兴安盟的科右前旗、呼伦贝尔的新巴尔虎右旗和陈巴尔虎旗、阿拉善的贺兰山、赤峰的克什克腾旗等地区，总面积约占全区的10%。我区近10年新能源产业已初具规模，到今年上半年为止我区风电并网已达315.28万千瓦，稳居全国第一，近几年我区生物质能发电项目也有了很大进展，鄂尔多斯市的内蒙古毛乌素生物质热电公司的生物质热电项目已建成并网运行，该项目一期装机容量为 $2 \times 12MW$，年提供绿色电力2.1亿千瓦，减排二氧化碳25.6万吨。

三、推进自主创新战略与提升核心竞争力问题。提高自主创新能力是推动我区能源工业实现科学发展的主要突破口，是提升能源产业核心竞争力的有效途径。从我区的实际看，能源工业已具备了一定的规模，今后发展的前景十分宽阔，关键是如何尽快提升核心竞争力的问题。我们必须走出一条具有我区特色的能源工业自主创新之路，形成强大的原始创新能力、集成创新能力和引进消化吸收再创新能力。特别是要把自主创新的战略重点放在着力突破制约我区能源工业优化升级的关键技术和解决制约能源产业科学发展的重大科技问题之上。充分发挥企业在自主创新中的主体作用，大力推动产学研结合，完善鼓励企业增加研发投入的机制，加快推进科技成果产业化。同时也要充分发挥政府在自主创新中的主导作用，加强和改进政府科技宏观管理体制、营造有利于科技创新和人才成长的政策环境。在中观的层面上，能源科技创新领域，今后一段时期要抓好几个重点：重视和培养科技发展潜力，完善实验基地和科技信息系统；为能源工业的生产工艺、节能降耗及产品质量的提高提供技术支持；加强技术创新活动各个环节之间的协调，提高科技成果转化率；保护能源技术产权；加强能源技术的省际合作和国际交流，借鉴先进的科研成果，创建一批技术超前的科研和教学基地。要重视加快电网升级换代步伐，积极推广建设智能化电网技术系统。能源智能化电网就是以物理电网为基础，以特高压电网为骨干网架、各级电网协调发展的坚强电网为基础，将现代化先进的传感测量技术、通信技术、信息技术、计算机技术和控制技术与物理电网高度集成而形成的新型电网，智能化电网具有坚强、自愈、兼容、经济、集成、优化等特征。智能化电网建设是我国能源创新战略的重点之一，是今后十年我国电网建设的重点攻关课题和主要的发展方向。作为我国能源安全的重要基地和能源输出大区来说，今后几年我区所面临的智能化电网建设的任务十分艰巨。要加大新能源基础科学和应用技术的攻关力度。我们的新能源和再生能源技术的总体水平不高，大部分可再生能源产品的生产厂家集约化程度低、工艺落后，产品质量不稳定。这些都是发展再生能源产业的技术障碍，需要尽快突破。

　　四、加快培育链状产业集群与实施适度收缩战略问题。
一是产业集群这一特殊的经济形态，对我区能源工业竞争力
的快速提升有着巨大的推动力。产业集群是指各个产业之间
纵向或横向联系所形成的结合体。它包括核心产业、相关产
业、支持性产业。纵向联系是指核心产业与支持性产业部门
之间的联系，而横向联系是指核心产业部门与技术或市场上
有互补关系的产业部门之间的关系。发展产业集群是我国建
设创新型国家的需要，也是我区能源产业创新和升级的主要
途径之一。产业集群作为一种特殊的经济形态，在繁荣我国
地方经济中已经形成规模性的重要力量。凡产业集群规模较
大的地区目前都是我国经济发展较快的区域。如大量专业化
企业在有限地理范围内的集聚，企业之间的分工或协作依赖
于企业主或劳动者之间存在的共同社会文化背景基础，产业
和区域整体发展速度快且具有很强的竞争力。二是实施适度
收缩战略，向集群化的产业发展布局过渡。我区号称"东
林西铁，遍地是煤"，我区已探明的煤炭保有储量为 2232
亿吨、预测资源量为 1.2 万亿吨，位列全国第二位。全区拥
有煤炭资源的地区（煤田或煤矿区）90 多处，其中储量在
100 亿吨以上的大煤田 7 处，储量在 50 亿吨以上的大型煤
田有 5 处。在原煤保有储量的分布中，西部地区占 48.3%，
中部地区（锡盟地区）占 24%，东部地区占 27.7%。我区
的天然气资源也十分丰富，仅鄂尔多斯与陕西接壤的鄂尔多
斯油气田，蕴藏探明储量为 7000 亿立方米。目前我区各个

盟市都在找煤采煤，都在大上特上煤电项目，大有在118万平方公里土地上遍地开花之势。这种在政绩和利益驱动之下形成的大跃进式的粗放、无序开采局面，造成了自然资源的极大浪费，对生态环境造成了不可收拾的破坏和污染。这些区域煤炭开采所形成的人类活动强度远远超出了生态环境的承载能力。因此，我区的能源工业的发展必须回到理性轨道，将能源工业有限的生产要素向开发条件较为成熟的地区聚集，适度收缩生产力的布局，形成集群化的能源工业战略布局。三是加快培育我区能源工业的链状产业集群。首先，要以鄂尔多斯、包头、乌海为轴心地带构筑我国最有竞争力的能源工业产业集成区，抢占中国乃至东北亚地区能源工业产业集成高地。目前，创建我区西部能源工业产业集成区的条件已成熟，关键是如何进一步整合资源和要素的问题。东部和中部产业集群可以采取以电网为轴心进行整合资源的集聚模式，形成跨区域的能源工业集成区。

五、若干政策措施问题。 我区能源工业的科学发展，最关键的是要从依法治理和政策调控的角度，进一步完善资源生态补偿机制、法律法规制度建设体系和政府宏观调控政策措施。一是要认识能源资源的短缺性和价值决定问题，完善价值评估体系和资源生态补偿机制。自然资源是短缺的，而且日显突出，这已成为经济发展中的常态和持续发展的瓶颈。新中国成立60年来，GDP增长10多倍，而矿产资源消耗增长了50多倍。"六五"至"十五"计划期间，每增加1亿元GDP

所需要的资源消耗量从 1.8 亿元增加到 4.99 亿元。这种高消耗、高污染、低效率的经济增长使原本紧缺的自然资源成为稀少的生产要素。符合人类生存发展需要的资源和环境，已经不是自然产物，而是必须投入各种要素进行再生产才能获取的重要资源。自然资源越是稀缺，越是需要大规模再生产资源要素，补偿过去的巨额隐性欠账。因此，再生资源要素，就有一个生产费用问题，即自然资源的价值决定问题。能源工业实现科学发展，必须要认识资源的短缺性和价值性问题，要从价值规律的法则出发制定规划，合理利用自然资源，制定科学有效的资源和生态补偿机制。二是要完善宏观、中观、微观的资源综合循环利用和节能减排调控机制。从自治区宏观调控的角度，项目审批的初始就应对资源综合循环利用和节能减排要有明确要求，并且要签订条块管理部门、地方政府、企业等多方参与的连带型责任状。同时要求企业在开工之前必须要向有关部门缴纳一定数额的保押金，以保证责任状的执行。而在开采过程中如出现违约行为，政府有权动用保押金以弥补企业的过失。自治区应依据《民族区域自治法》和国家有关法律法规，尽快制定出台《内蒙古自治区资源型企业资源综合循环利用与节能减排约束条例》、《内蒙古自治区资源开发利用与环境保护节能减排问责条例》等相关法规。三是完善发展装备制造、能源创新和新能源开发激励机制。从税收、融资、上网电价等多个角度采取积极的扶持政策。

（本文刊载于《实践》杂志 2009 年思想理论版第 10 期）

我国草原畜牧业现代化途径探索

一

畜牧业再生产是植物性再生产过程和动物性再生产过程的统一。人们要想得到更多更好的各种畜产品，必须研究这两个生产过程密切结合的客观规律，正确处理畜、草关系。长期以来，我们对此缺乏认识，没有采取有力措施加强草原建设，盲目生产，超载放牧，加剧了人畜和草之间的矛盾，造成了严重的后果。到八十年代初，我国可以利用的33亿亩草原中，由于缺水而不能充分利用的有11.6亿亩，占35.2%；由于滥用而导致沙化、退化的有7.7亿亩，占23.3%；鼠害面积8.5亿亩，占25.8%；虫害面积1.6亿亩，占4.8%。随着草原生产能力逐年减退，牲畜头数不断减少，牲畜素质也越来越差。近几年来，一些地方吸取了这一教训，注意把第一性生产（植物性生产）和第二性生产（动物性生产）有机结合，取得了可喜的成绩。内蒙古镶黄旗从七十年代初开始搞草原建设，党的十一届三中全会以后，又对草原建设进行了调整配套和提高，1984 年，草库伦面积已达到 8.85 万亩，平均每亩草库伦产草比当地天然草场高出 2 倍，每年可以为每头过冬牲畜贮草 70 多公斤。同时，合理调整了载畜量。从 1978 年到 1984 年，畜牧业年年稳定发展，平均总增长率 29.47%，出栏率 32.46%，成幼畜保育率 98% 以上。

实践证明，发展草原畜牧业，要以草原和饲草饲料建设为重点。首先，应实行以草定畜，控制放牧强度和载畜量，制止滥牧、抢牧及滥挖滥伐，清除毒草，灭治虫害和鼠害。其次，要狠抓草原基本建设。当前，应着重搞好以下建设：(1) 建设草库伦。这是生产优质牧草、草籽、饲料以及林果菜粮等，缓和人畜草矛盾的有效途径。(2) 围栏放牧。夏秋季节把牧场分成 7、8 块，冬春之际分成 12 至 15 块，定期轮牧。牧场得到休息，能增加牧草产量。提高载畜能力。(3) 开发水源。在无水、缺水草场合理开发地下水，合理建立人畜饮水点；解决人工草料基地灌溉用水等。(4) 种草种树，松土补播，改良天然草原，建设半人工草地。

搞好草原建设的关键是落实草畜双承包责任制，使草原经营者的责、权、利紧密结合。

二

我国草原属于寒漠或荒漠、半荒漠草原以及草甸草原和典型草原，不同草场以及同一草场的不同年份、不同季节的生产力（主要是草场产草量）差异很大。牧草生长旺季主要集中在6、7、8月，其余时间是漫长的枯草期。这种状况，远远不能适应畜群生长全过程对饲草、饲料的需要，往往使牲畜"夏壮、秋肥、冬瘦、春死"。根据过去15年的统计，在正常年景，每年冬春牲畜因缺草掉膘，体重减轻35%左右，因瘦弱死亡数占总数的6.2%左右。

这种畜草矛盾，是影响我国草原畜牧业发展的主要原因。解决问题的最佳途径，就是把放牧和舍饲有机地结合，逐步变粗放经营为现代化的集约经营。内蒙古鄂温克旗巴彦托海镇以前畜牧业生产方式以游牧为主，一遇到自然灾害，牲畜死亡过半，牧民花钱靠救济，生产靠贷款。党的十一届三中全会以后，他们大抓草原建设，到1984年共建万亩以上的草库伦3座。草库伦内建有牛舍，还设立了饲料间、种子库、晒饲料场和机井等设施。经过几年的奋斗，他们基本上实现了冬春以舍饲为主，夏秋以放牧为主。1983年冬至1984年春，呼伦贝尔盟遇到特大的"白灾"，全盟死亡牲畜达125万头（只），而巴彦托海镇的牧民照常生产，牲畜基本上无死亡，还向灾区调出了8

万多公斤牧草。

我国有广阔的草原资源，利用这些廉价的自然资源进行游牧，在今后相当长的时间内仍然是草原畜牧业的重要生产方式。但是，这种逐水草游牧的生产方式有很大的不稳定性。夏秋充分利用草原资源的优势，放牧饲养，冬春则以半舍饲或舍饲为主，既利用了草原畜牧业之长，又避开了它的不足。根据专业化、社会化生产的需要以及不同地区的特点，有些牲畜如奶牛、育肥肉牛等还可以长年舍饲，而有些牲畜如马、驼、山羊等则可以长年放牧。

放牧与舍饲相结合，要抓好以下几方面的工作：（1）发展草业生产。在建立草库伦和草料基地的同时，要建立打饲草点。把那些因无水不能放牧但草长势较好的草场作为打草基地。（2）发展饲草饲料加工业。以中小型为主，适当分散，就地取材，加工、供应，以节约投资和运输力。（3）搞好棚圈、贮草设备，补饲设备和牧工住房的建设。（4）调整畜群结构，发展季节性生产。由于在较长的时间内，饲草饲料缺乏的状况难以根本改变，因此，应发展季节性生产，实行羔羊当年屠宰，肉牛早期育肥屠宰，以扬夏饱秋肥之长，避冬瘦春乏之短。不少地方的经验证明，这样做不需要大量投资，即能获得较好的经济效益。

三

加强畜牧业内部分工，走生产专业化道路。畜牧业专业化，有利于充分利用牧区的自然资源，充分发挥畜牧业机械的作用，推动先进技术在畜牧业上的广泛应用，提高畜牧业劳动者的素质，最终有利于提高畜牧业劳动生产率，降低畜产品的成本，增加畜牧业收入。

从我国草原畜牧业的现状看，发展畜牧业专业化，应主要从"小而专"和"小而联"入手。畜牧业实行联产承包特别是大包干责任制后，牧民家庭由消费单位变成生产经营单位，有了充分的自主权，可以根据自己的经济条件选择生产经营项目，支配自己的劳动时间，于是逐渐形成了各种畜牧业经营专业户。至1984年6月，内蒙古全区各种畜牧业专业户达72万户。专业户发展到一定程度，为了更好地发挥各自的专长，更有效地利用劳动力、资金、技术、机械，大幅度地提高经济效益，必然在生产、技术推广、供销、加工、储存、运输、良种繁育、提供信息等各个方面，产生发展专业化、社会化合作的要求。前面提到的巴彦托海镇在这方面已有一些较成功的经验。近两年来，他们把发展畜牧业的重点放在分工、分业上，到1984年为止，全镇有牧业专业户63户，占牧户总数的13.9%，其中有奶牛专业户、肉牛专业户、育成母牛专业户、打草专业户、机井专业户、饲料专业户、运输专业户等。各种不同类型的专业户之间相互服务，形成专业化联合体系，大大促进了畜牧业的发展。这种以家庭经营为基础的"小而专"和"小而联"，是当前发展我国草原畜牧业专业化生产的基本途径。

从整个畜牧业生产的布局考虑，还可以根据各地区的自然，经济和历史特点，适当发展地区之间的分工。

四

过去我们搞畜牧业，只片面追求数量，不注意运用先进的技术装备和管理经验去提高个体牲畜的生产能力，因此，我国畜牧业长期处于落后状态。具体表现在：（1）畜产品产量低。我国牲畜出栏率一般为 20% 左右，而畜牧业发达国家牛和羊的出栏率分别为 30%—40% 和 50%—60%。内蒙古 1982 年每百亩草场（包括部分农田提供的饲草饲料）仅产肉 5.1 公斤，商品绒毛 2.41 公斤。牧业年景较好的 1975 年，每头存栏牛年产肉 4.9 公斤，为畜牧业发达国家的十分之一，每只存栏羊产肉 2.1 公斤，为畜牧业发达国家的四分之一。（2）产值低，投入和产出不相称。我国草原畜牧业每百亩草场的产值比畜牧业较发达国家低得多，内蒙古 1979 年牧区牧业劳动生产率仅为 990 元，每百亩草场产值 60 元，每只羊（单位）产值 12.27 元。（3）饲养能力低。我国牧区人口平均占有牲畜 50 只（羊单位）左右，每个劳动力平均占有牲畜110只（羊单位）左右，与畜牧业发达国家相差十多倍。（4）再生产能力低。我国牲畜繁殖成活率在65%左右，而畜牧业发达国家一般为80%—90%。（5）品种落后。据内蒙古1983年6月末统计，全区良种和改良绵羊，只占绵羊总数的53.2%，而新西兰羊的优良种绵羊为总数的90%。由于品种落后，我国牲畜的平均胴体重和产奶、产毛量均低于世界平均水平。例如，我国奶牛年平均产奶为3吨，羊平均产毛为2公斤，而世界平均水平分别为5吨和5至6公斤。差距就是潜力，实现我国草原畜牧业的现代化，应当把重点放在采用科学技术和先进的管理方法、提高个体牲畜的生产能力上。

要抓好畜种改良。国内外的实践证明，一头优良品种的牲畜同一头低劣品种的牲畜相比，所消耗的饲料和劳动相差并不很大，但是，生产的产品量却相差数倍或十几倍，质量方面的差别也很大。从内蒙古的情况看，牲畜作价归户后，改良工作受到不同程度的影响，良种畜的供应远远不能满足生产发展的需要，甚至出现了回交退化现象。为改变这种状况，必须有计划地建立以良种化为中心的畜禽繁殖体系，包括原种畜场、繁殖场、冷冻精液站、后裔测定和配种站等。还可以发展一批从事改良工作的专业户，从技术、设备和资金上予以扶持。

要提高饲养管理水平。在总结传统畜牧业经验的基础上，借鉴国外先进放牧管理技术。从实际出发，调整畜种、品种结构，使其与所放牧的草场相适应；改进饮水、补饲方法，改进饲草饲料的加工配方技术和营养构成；建立科学的放牧管理制度。

要加强疫病防治工作。注意培养畜牧兽医人才，加强各级兽医站和家庭防疫站的工作，逐步形成地区性的兽医防疫网。此外，要加强畜牧科研、教育、推广工作。

五

解放三十多年来，我国牧区经济基本上还是单一的放牧业，停留在提供原始产品的阶段。生产结构单一、社会分工不发达，是牧区经济落后的根本原因。从扩大社会分工入手，调整产业结构，发展综合经营，一方面能为畜产品开辟广阔的市场，推动畜牧业生产的增长；另一方面能积累更多的资金促进畜牧业采用先进技术设备，实现现代化。所以，我们必须把调整牧区经济结构的工作做好。有些地方在这方面已取得可喜成绩，例如，巴彦托海镇从当地实际情况出发，办起了采石场、乳品厂、皮革厂、饭店和一支运输队伍，使得百余名青年牧民脱离开牧业从事第二、三产业，改变了单一经营畜牧业生产的状况。这个镇 1983 年工副业收入占全镇总收入的 70%，他们从中拿出一部分资金投入畜牧业，扩大了畜牧业的生产。又如：内蒙古伊克昭盟鄂托克旗巴斯苏木是一个蒙古族为主体的牧业苏木，近两年来，全苏木发展乡镇企业 77 个，其中牧民个体企业 49 个，主要有采矿业、工副业、养殖业、加工业、商业和饮食服务业，从业人数达 400 多人。1984 年乡镇企业总产值为 82.9 万元，占苏木工农业总产值的 25.9%，实现利润 35 万元。

调整牧区经济结构，发展牧工商综合经营。第一，要围绕着畜牧业生产的产前、产中、产后，搞好各项服务。现在的多数牧户既是放牧者，又是草场建设管理者，从流动搬迁、饮水打井、种草割草、抗灾备荒，到购买生产资料和出售牲畜等，样样都需要自己动手，所养牲畜也是马、牛、羊俱全，这种"小而全"的方式浪费劳动力，生产效率低。通过兴办运输队、打草站、建筑维修队、饲草饲料加工厂、供销收购部、良种配种站等为牧户提供服务，可以逐步帮助牧户改变这种落后的生产方式，走专业化分工的道路，大大提高畜牧业的生产率和商品率。第二，要从各地的实际出发，利用地区优势和资源优势，遵循量力而行的原则，发展一些畜产品加工业、能源矿产开发业，交通运输业和商品流通网等中小型企业，引导一部分牧民转向别的产业，使牧区经济结构逐步向综合型发展。第三，联合经营、综合发展的形式要灵活多样、各具特色。可以搞以户为单位或以集体为单位的独立经营，也可以搞各种合作形式的合作经营。另外，还要加强牧区能源、交通、流通和邮电通信等基础设施的建设。

六

畜牧业生产效率高低，畜牧业现代化的发展水平，在很大程度上取决于劳动者的文化水平和掌握现代科学技术的能力。许多发达国家的经验表明，重视"智力开发"，增加"智力投资"，是对畜牧业生产起重要促进作用的长远性因素。从我国草原畜牧业的现状看，开发人的智力尤为重要。据1982年全国第三次人口普查，我国畜牧业劳动力中，大学文化程度的仅占0.22%，高中文化程度的占2%，初中文化程度的占10.1%，小学文化程度的占35.1%，文盲和半文盲达52.4%。劳动者的文化素质低，是实现畜牧业现代化的一大障碍。

先进的生产工具、丰富的劳动资料、尖端的科学技术，只有与劳动者相结合，才能转化为现实的生产力。近年来发家致富的畜牧业专业户大多是一些有文化、有知识、有手艺、有经济头脑的"能人"。可见，人的文化素质是提高劳动生产率的基础。

开发牧区智力，提高畜牧业劳动力素质，目前要抓好以下几方面的工作：（1）要狠抓基础教育。当前要着重普及小学教育，同时狠抓扫除青年文盲工作。（2）对回乡的初、高中知识青年进行牧区应用技术和商品生产的再教育。这种教育是在一定的文化基础上进行的，因而周期短、见效快。

（3）发展多层次，多形式的畜牧业技术和管理科学教育。积极发展和办好高等畜牧院校、中等畜牧技术学校、畜牧职业高中和各级各类干部培训班。（4）办好牧区基层科技网，搞好畜牧业技术服务和科学技术普及推广工作，把科学技术运用到畜牧业生产的各个方面。（5）组织各种形式的社交旅游活动，使牧民开阔眼界、增长见识。

（本文刊载于《红旗》杂志 1986 年第 16 期）